好妈妈不吼不叫培养男孩

文　德　编著

吉林文史出版社

图书在版编目（CIP）数据

好妈妈不吼不叫培养男孩 / 文德编著. -- 长春 : 吉林文史出版社, 2020.1（2024.8重印）

ISBN 978-7-5472-6708-0

Ⅰ. ①好… Ⅱ. ①文… Ⅲ. ①男性－家庭教育 Ⅳ. ①G78

中国版本图书馆CIP数据核字(2019)第259479号

好妈妈不吼不叫培养男孩

HAOMAMABUHONGBUJIAOPEIYANGNANHAI

编　　著　文　德

责任编辑　张雅婷

封面设计　末末美书

出版发行　吉林文史出版社有限责任公司

地　　址　长春市福祉大路5788号

电　　话　0431-81629353

网　　址　www.jlws.com.cn

印　　刷　北京永顺兴望印刷厂

开　　本　880mm × 1230mm　1/32

印　　张　4

字　　数　80千

版　　次　2020年1月第1版　2024年8月第3次印刷

定　　价　19.80元

书　　号　ISBN 978-7-5472-6708-0

前　言

\PREFACE\

把一个浑身满是棱角的男孩养育成才非常不容易。由于性别差异，男孩与女孩之间有着太多不同：男孩精力旺盛、调皮捣蛋，所以总是麻烦不断；男孩自控能力较差，常常禁不住外界的诱惑；男孩容易冲动，他们很容易做出莽撞的事情来……面对男孩成长过程中出现的种种状况，家长往往也很烦恼：我们究竟该怎么办？

天将降大任于斯人也，必先苦其心志，劳其筋骨，饿其体肤。所以，无论家境多好，对男孩绝对不能过分娇宠，要让他从小就明白生活的艰辛，将来方可担负起社会和家庭的重任。无数例子告诉我们，过多的物质和金钱不仅难以培养男孩独立面对未来的能力和魄力，反而会将他本应具备的能力和积极进取之心彻底埋葬。

做男孩的父母就得“狠”一点儿。家长将男孩奉为家里的“小皇帝”，对其溺爱无度，就会养育出个“扶不上墙”的“啃老族”。家长对男孩“狠”一点儿，在其成长过程中让他学会一些技能，培养他良好的品格，男孩就能顺利成长为一个真正的男子汉！今天对男孩“狠心”，明天才能对男孩“放心”。这样的男孩在将来步入社会后才更容易适应环境、承受逆境。

当然，教育孩子是一项长期且艰巨的事情，不仅需要一位好妈妈，也需要男孩及老师的通力协作才能最终完成。

本书结合男孩的特点个性以及成长规律，从不同角度出发，为男孩的父母提供了一套成功的教子方案，使男孩的父母掌握教育的正确方向和科学方法，真正教到点子上。本书深刻分析了男孩与女孩的不同之处、男孩天性中的优缺点，以及父亲和母亲在养育男孩过程中所应起到的不同作用，统揽男孩成长过程中的教育问题及解决办法，全面介绍男孩的身体、心理、情绪、性格、天赋、学习和潜能等方面的培养。书中综合介绍了国际著名教育家的教育理念、最有助于发展男孩天性的教育方法，以及男孩成长所应掌握的心理学，如攻击性心理、杜根定律、投射心理等，有效解决了最令男孩父母头疼的难题，如何说男孩才会听、如何避免男孩成为“娘娘腔”、男孩如何健康度过青春期、怎样令男孩学会应对挫折等。希望本书能让您静心阅读，用心思索，掌握培养男孩的细节，为您培养出一个出类拔萃的男孩提供帮助!

目 录

\CONTENTS\

绪　论

男孩应该粗放式养育

一位父亲去美国考察，正遇风雪天气，他看到一群小学生，穿着短短的羽绒衣、单薄的裤子，衣服敞开着，背着沉重的书包，在大街上困难地行进，他们并没有汽车接送，也没有家长陪同。孩子们的小脸被冻得红红的，但他们欢笑着，跳跃着，没有一个愁眉苦脸的。这位父亲回国后，对小学三年级的儿子讲了在美国看到的情况，对他说："从明天开始，你自己上学去，不再由大人接送了。"话音未落，孩子"哇"的一声大哭起来。父亲问儿子为什么让他自己上学就哭，"是不认得路吗？"儿子摇头。"怕过马路车多吗？"儿子还是摇头。到底为什么呢？儿子抽泣着说："人家都有人接，我没人接，多没面子呀！"原来如此。

部分家长"众星捧月"般的骄纵，无异于为孩子们筑起了一座座坚不可摧的壁垒，最终将孩子囚禁成“鹦鹉人”“金丝鸟”，无法具备独立的人格，这样的孩子必将在未来的社会中尝遍苦头。“育子何妨粗放些”——有专家曾如此呼吁我们的孩子需要粗放式的教育方式。

作家毛志成在他的文章里也曾有这样的感慨：

一件小小的往事，在我的记忆中时时闪烁，30年不褪色。

那一年冬天，好冷好冷。积雪久久不化，继续酿造着令人恐惧的低温。有一天，我夜宿某个山村，房东将一对八九岁的双胞胎男孩打发到我屋里同住。两个小东西脱得赤条条的，同钻一个被窝，好一通打打闹闹之后才睡着。第二天一早，两个小东西刚睁开眼，又是一通“被窝战”。后来，一个跳下炕，向室外跑去，另一个也跳下炕，穷追不舍。室外是零下23度的严寒。

我穿衣下炕之后，走到户外，不禁惊愕了，两个小东西正在雪地上滚作一团，作“相扑”状。其母出来抱柴，只是漫不经心地骂了一句“总是抽风”，随即便取柴回院，未显示出任何惊愕。其父出来担水，只是瞟了一眼，什么话也未说，看来他已司空见惯。那时我20岁，尚未觅偶，却在心中暗暗祈祷：“生子当如此儿！”

我很崇敬这对父母，认为他们简直是培养男孩的行家。

对待男孩，不必有太多的呵护，松开你捧着、掖着的双手，让他们从摸爬滚打中成长，当有一天他们从生活的泥淖中站起来的时候，他们将拥有一副折不弯、压不软的硬骨头。

不要让男孩坐享其成

马克·吐温说过：只有自己通过努力和辛勤的汗水换来的收获才是最真实的，也只有勤奋才是通向成功的必由之路。

美国的家庭教育就是以培养孩子富有开拓精神、成为一个自食其力的人为出发点。父母会让男孩从小就树立自立精神，即便是富豪子女，也要外出体验打工。美国前总统里根的儿子，就没有选择靠父亲的权力来为自己安排的舒适工作，而是靠自己的能力去奋斗。

而中国的父母则很缺乏这样的意识，他们习惯为男孩创造最好的物质条件，尽量不让男孩受苦。但是，每个人的一生都不是一帆风顺的，一个人如果习惯了坐享其成、养尊处优的生活，将来一旦面对困难该怎么办呢？男孩总有一天是要长大的，他们总有一天需要自己去工作、去独立生活，父母不可能永远跟着他。

据不久前的一项抽样调查显示：上海高中生对家务劳动的疏远程度达到了令人吃惊的地步。调查表明，高中生近六成起床不叠被子；五成从不倒垃圾，也不扫地；七成不洗碗，不洗衣服；九成从不洗菜做饭。还有部分高中生什么家务也不做，个别高中生连整理书包都还要家长代劳。

是现在的孩子真那么懒，不肯做家务劳动吗？其实不然，调查结果出人意料，有82%的高中生表示愿意做家务；36%的学生认为做家务很开心，是一种乐趣；有40％的学生说家长不让他们做家务，也从不教他们怎么做。

苏霍姆林斯基认为：体力劳动对于男孩来说，不仅可以获得一定的技能和技巧，是一种道德教育，而且还可以打开一个广阔无垠的、惊人的、丰富的思想世界。这个世界激发着儿童道德的、智力的、审美的情感，如果没有这些情感，那么认识世界（包括学习）就是不可能的。

为了男孩将来能更好地适应社会，让男孩了解父母的辛苦与不易，家长可以在男孩上小学高年级或初中时，周期性地让男孩当一天（或两三天）家。

具体的操作方法：找一个周末，让男孩为第二天的生活与活动安排做一个预算与计划，然后从第二天早上起床开始，就由男孩上岗指挥与组织一天的家务与游玩。父母则在男孩指挥下进行配合，需要多少钱，买什么菜，到哪里玩，坐什么车，走哪条路线，均由男孩来筹划。父母要放手、信任，不要干预，即使男孩安排得不是最合适的，也不要当即否定，而是等过后再与他一起总结，先让他自己提出改进意见，然后再补充。相信男孩对这样的活动一定会兴致很高，也会十分用心和负责任，快乐与收获一定会出乎你的意料。

千万别给男孩过多的保护

由于现在独生子女居多，几代人的关心与爱护都集中在一个孩子身上，家长会为孩子铺路——替他穿衣，替他系鞋带，替他安排工作，替他迎接挑战，一次，两次，一百次……这些孩子长大后依赖心理严重，凡事不想自己动脑筋，遇到事情首先就想找人帮忙，而且这样的孩子惯于推卸责任。

对儿童心理和脑力开发研究造诣颇深的日本杰出教育家多湖辉认为，增强孩子能力的最好办法，就是使父母成为“教育的实践者”。父母不仅要了解孩子独特的心理动态，而且应该针对不同孩子的个性特征，不断地在生活和学习实践中摸索了解教育孩子的方法。而要求孩子帮忙多做家务，对于孩子来说，会得到比课堂更明显的学习效果。因为这不但可以提高他们动手实践的能力，而且孩子在实际动手过程中必能学会安排计划，这就促使孩子将做家务的时间与学习的时间调剂好，在做不同家务的同时，也培养了孩子的耐性和身体素质。

我国著名教育学家陈鹤琴先生曾说：“凡儿童自己能够做到的，应该让他自己做；凡儿童自己能够想的，应该让他自己去想。”著名的教育工作者孙云晓说：“中国的父母正在辛辛苦苦地酝酿着孩子的悲剧命运，争分夺秒地制造着孩子的成长苦难。实际上，我们的父母在和自己作战，用自己的奋斗来击毁自己的目标。”作为家长，我们当然不希望看到这样的结果，那么怎样做才是正确的呢？

1.让孩子做力所能及的事情，培养孩子动手的习惯

家长不可能照顾孩子一辈子，因此从小就应该让他学做一些力所能及的事情，比如洗衣服、收拾文具、帮父母拖地、洗碗等。只有从小事做起，才能逐渐培养他们独立自主的能力。

2.给孩子犯错误的机会，锻炼孩子的自立能力

要避免对孩子过度保护，我们首先应该充分尊重孩子的想法和意愿，放手让孩子自己拿主意。如果我们对孩子过度保护，因为怕孩子犯错，就一味地为他铺垫一切，事事拉着孩子的手，那么他在心理上永远都不可能长大。

第一章

男孩要穷养

——男孩的成长充满“危险”因素

自控力差——男孩往往对自己降低标准，放松要求

给孩子制定一定的规矩对培养孩子的自觉性是非常有效的方法。例如，教育他吃饭的时候不可以把饭粒掉到桌子上；在公共场合不可以大声吵闹、和其他小朋友游戏追逐；家人睡午觉的时候不要在屋子里吵闹；每个星期天都要把自己的房间整理干净等。

当孩子把规矩当成一种习惯的时候，他就会在潜意识里形成一种积极的状态，即所谓的“严于律己”。

我们都知道，“严于律己”之后还有一句话是“宽以待人”。严于律己乃为自省，当我们与他人相处的时候，要以宽为上，一个人若能对别人宽容，就会受人尊敬和欢迎。

正如一句话所说：“原谅别人，才能释放自己。”父母应告

诉男孩，口袋里装满了宽容，就会与人方便，与人方便就是与己方便，成功路上的坎坷也就会少一点儿。而事实上，很多人往往因为一点儿利益与别人发生矛盾，甚至大打出手，不仅良好的人际关系被破坏了，也影响后来的事业。所以，无论是在日常生活中，还是在未来的工作岗位上，都应宽以待人，对男孩的未来一定会有所帮助。

建议一：教男孩学会管理自己的时间

随着年级的升高，功课越来越多，男孩们会觉得时间不够用。有的男孩抱怨“功课太多了，玩的时间都没有”；有的男孩则不然，他们能把生活中的大事小事处理得井井有条，还能空余出一些娱乐的时间。

之所以会出现如此大的差距，主要是他们所具备的时间管理能力不同。

计划性强的男孩，什么时间做什么事是非常有规律的，他们做完一件事后就会立刻去做另一件事，从来不会出现无所事事、毫无目标的情况。他们对时间也管理得非常合理，轻易不会把大好时光白白浪费掉。

详细的计划使男孩的各项活动目标明确。但是，在刚开始学着制订计划的时候会遇到一些困难，这时就需要男孩用坚强的意志努力克服困难，排除诱惑，来实施计划。在实施计划时，每克服一个困难，每完成一项任务，男孩就会在享受胜利喜悦的同时增强克服困难的信心和勇气。

如果男孩长期按计划生活，科学安排作息时间，该学习时就集中精力学习，该锻炼身体时就锻炼身体，这样就会使生活很有规律，也能逐渐养成良好的学习习惯。

下面是制订计划时应注意的一些问题，家长可与男孩共同分享：

第一，计划要全面。计划里除了有学习的时间外，还应当有进行社会工作、为集体服务的时间；有保证睡眠的时间；有娱乐活动的时间。计划里不能只有三件事：吃饭、睡觉和学习。

第二，长计划和短安排。在一个比较长的时间内，究竟干些什么，应当有个大致计划。例如，一个学期、一个学年应该有个长计划。有了长计划，还要有短安排，否则长计划要实现的目标不容易达到。

第三，不要脱离生活的实际。有些男孩制订计划时满腔热情，想得很好，可行动起来，寸步难行，这是目标制订不合理，过于死板，脱离实际的缘故。

第四，不要太满、太死、太紧。要留出机动时间，使计划有一定的机动性，这样完成计划的可能性就增加了。

第五，脑体结合，文理交替。在安排计划时，不要长时间地从事单一活动，学习和体育活动要交替安排。比如：学习了一下午，就应当去锻炼一会儿，再回来学习。锻炼时运动中枢兴奋，而其他区域的脑细胞就得到了休息。安排科目时，文科、理科要交替安排，相近的学习内容不要集中在一起学习。

第六，提高学习时间的利用率。早晨或晚上，或一天学习的开头和结尾的时间，可以安排重点记忆的科目，如外语。心情比较愉快、注意力比较集中、时间较完整时，可以安排比较枯燥或自己不太喜欢的科目。零星的、注意力不易集中的时间，可以安排做习题和自己最感兴趣的科目。这样就可以提高时间的利用率。

建议二：告诉男孩可以玩，但作业必须完成

告诉孩子，看电视、玩游戏这些事虽然充满了趣味，但毕竟不是现阶段最重要的事情。游戏能给生活带来暂时的快乐，但要让生活充实、总有幸福的感觉，还应夯实知识，奠定高品质生命的基础。

不过，即使男孩懂得了这些道理，真正实施起来还是很难的。男孩活泼好动，自制力有限，这时候就需要家长帮助孩子了。可以在玩之前与男孩做个约定，比如："看电视只看一个小时，要自觉遵守约定时间。如果到时间还舍不得关电视，妈妈叫你好吗？"在家长的协助下，加上孩子自我管理的意识，收住孩子的"玩心"并不难。

逆反心理强——男孩喜欢跟父母对着干

青少年常会"不受教""不听话"，常与教育者"顶牛""对着干"。这种以反常的心理状态来显示自己的"高明""非凡"的行为，往往来自于"逆反心理"。逆反心理在青少年成长过程的不同阶段都可能发生，且有多种表现。

合理地提出自己对事情的不同看法是孩子的一项权利，但是，由于青少年时期的孩子与父母相比，在社会和生活经验方面确实欠缺很多，这就需要孩子虚心听取家长的建议，尝试着用理解的眼光来看身边的事情，这样有助于问题的解决，也有利于父母与子女之间的沟通，有助于和谐的家庭气氛的维持。因此，多一分理解，多一分倾听，叛逆也可以得到合理化解。

建议一：应多了解男孩，满足他的真正需求

客观地说，父母有父母的想法，男孩子也有男孩子的想法，没有谁对谁错的问题，但是父母和孩子也要多沟通。如果男孩子把自己的想法告诉父母，父母也要多听听他们的想法。在互相尊重的前提下真诚地沟通，就会少很多抱怨。

“自由”是一个高贵的字眼，但是通往自由的道路不止一条，男孩能让父母放心自己，自己也舒心地展现自己，才是最好的选择。

建议二：不妨“冷”对男孩的牛脾气

生活中，很多男孩都会出现无理取闹、乱发脾气的情况，往往让许多父母感到又尴尬又头痛。

心理学家认为，孩子爱发脾气是由于家庭教育不当引起的。特别是独生子女，如果从小就事事以他为中心，孩子吃不得一点儿苦，要什么给什么，那么孩子就会养成遇事爱发脾气的习惯。

要让男孩心平气和地生活，改掉喜怒无常的坏情绪，最有效的办法是采取置之不理的方法，进行“冷处理”，让他的坏脾气自动消失。譬如孩子在商场里面满地打滚的时候，你就在旁边看着，直到他自己冷静下来。

孩子发脾气就向他屈服是最不可取的教育态度和教子方法。当孩子乱发脾气时，父母要保持冷静，对孩子的不合理要求绝不迁就，要让孩子明白，无论他怎么发脾气，父母都不会“俯首称臣”，他始终都达不到自己的目的。当孩子已经“雷霆万钧”时，不妨运用冷淡计，父母及其亲人都不去理会他。事后，再当着孩子的面，分析一下他发脾气的原因，细心地引导、教育孩子，相信孩子会从一次错误的行为中吸取教训。

固执、莽撞——告诉男孩莽撞不等于勇敢

男孩与生俱来的英雄情结时常让他们陷入危险的境地而不自知。他们好像是天生就喜欢冒险，不带有任何理由。男孩的冒险是一种天分，需要家长用几分欣赏的眼光来看待。男孩的英雄情结，不仅有利于他们男性气质的培养，更有利于他们尽快长成一个真正的男子汉。

建议一：吃软不吃硬是男孩的通性

一般来说，当男孩犯了错误后，往往心里已经产生了愧疚。所以，父母在批评时，没必要一遍一遍诉说自己多么痛心，这种做法无异于在孩子心灵的伤口上撒盐。尤其对于已经具备是非判断能力的中学生而言，批评只要点到为止，就会使孩子记忆深刻。如果过度批评，不但不会加深孩子的印象，相反还会使孩子更加反感。

已经上高二的小斌仍然“玩”性不改，每周六都要玩一会儿电子游戏。说是“一会儿”，实际上是好几个小时。因为他每次都要打一局，而一局至少得打过好几关，有时甚至能从头打到尾，这样几个小时就过去了。有时母亲看不惯，便吼他：“别玩了！快去写作业。”他往往会以“只差一点儿就过关了”为理

由，再拖半个小时。

为了帮助儿子改掉贪玩的坏毛病，母亲想了个好办法。又一个周末，母亲约了自己的几个朋友聊天，并让小斌服务。就在小斌为阿姨削苹果的时候，母亲提起了如何对待孩子贪玩的话题。几位朋友都有十七八岁的孩子，所以都有共同语言。其中一位说："我儿子已经上高三了，还整天惦记着玩，家里看得紧，他就到游戏厅、网吧玩，我都快愁死了。"小斌在旁边很紧张，生怕母亲揭自己的底。

小斌的母亲接过话茬儿说："你越管得紧，他越不听话。我就从来不管小斌，每周他都可以玩一个小时的游戏，而且很守时，说一个小时，就一个小时。"说着，看了看表，然后对小斌说："儿子，到了玩游戏的时间了吧？去吧，玩一个小时就停。"

那天，小斌很自觉地在游戏机旁放了一个闹钟提醒自己，一个小时后，干干脆脆地退出了游戏。以后，不管母亲在不在旁边，小斌都只玩一小时，到了时间就立刻停止，再也不用母亲费心了。

小斌母亲很讲究批评的艺术，她的做法很值得父母们学习。然而，很多父母在批评孩子时，难以做到心平气和。于是，这样的话不绝于耳："都这么大了还不懂事！""就知道玩，这么大了还让我操心！""好的没学会，就学会打架了，你是不是想把我气死？"可想而知，这些话会带给孩子什么样的心灵感受。当孩子犯错时，家长往往一味责备孩子，甚至打孩子，一点儿不讲批评技巧，结果往往事与愿违。那么，家长批评孩子时，应注意掌握哪些技巧呢？

第一，把声音放低。压低声音讲话，容易使孩子注意倾听你说的话，这种低声的“冷处理”，往往比大声训斥的效果要好。

第二，保持沉默。孩子一旦做错了事，如果父母保持沉默，孩子的心理反而会紧张，会感到“不自在”，进而反省自己的错误。

第三，使用暗示。孩子犯错，如果家长能心平气和地启发孩子，不直接批评他的过失，孩子会很快明白家长的用意，愿意接受家长的批评和教育，而且这样做也保护了孩子的自尊心。

第四，批评孩子要言简意赅。有的家长批评孩子时唠唠叨叨说个不停，却说不到要点上，净说一些废话和孩子反感的话，引起孩子的逆反心理，孩子索性左耳进右耳出。所以批评的话不在多，要言简意赅，恰到好处。

第五，批评孩子一定要就事论事。批评孩子的时候不要把过去的事情扯出来，家长常犯的毛病就是喜欢翻旧账。孩子以前有几件事情做错了，当时父母心情好，就不管不说，等到后来孩子的举动越来越不像话，这才发火，而且把已经过去了的事情重新提起，这样做只会增加孩子的抵触情绪。

第六，批评孩子千万不能损伤孩子的自尊心。特别是那些有辱人格的语言绝不能使用，批评孩子的场合也要有所选择，尽量不要当着外人或孩子朋友的面批评孩子。场合不对，本来孩子可以接受的意见也会引起孩子的反感。如果伤害了孩子的自尊心，他们甚至会做出某些难以预料的举动，让父母十分尴尬，下不了台。

总之，父母要充分考虑男孩的心理感受。根据孩子的具体情况，采取朋友般的做法，通过谈心、启发、聊天等方式，用委婉的口气指出孩子的不足，用商谈的口气消除孩子的对抗心理，与孩子一起共同分析错误，允许孩子申辩，及时澄清问题真相。这样不仅可以使孩子真正感觉到自己在人格上和父母一样平等，而且可以拉近父母与孩子之间的距离，消除彼此间的隔阂，收到积极良好的教育效果。

建议二：改掉男孩“不听话”的臭脾气

要想改变男孩任性的坏脾气，就要让他们抛弃自己那种“我总是对的”的想法。当然，思想上的调整与认识以一种良好的心境为前提，才能有效果。因此，父母可以用各种方法让孩子心灵宁静下来。

1.从书籍中获得抚慰

实验表明，经常阅读伟大人物的传记，更能使那些任性的孩子得到心灵上的慰藉。丰富的知识使他们聪慧，使他们思想开阔，使他们不至于拘泥于教条的陈规陋习。但是应该注意的是，越有知识越要谦虚，这是做人的美德。为人处世要尊敬和信任他人，多培养宽容的态度。不要过于欣赏自己的成绩、议论别人的不足。不要去计较那些微不足道的事情。要和勤奋好学、谦虚谨慎、品德优良的人多交往，养成虚心向别人求教的习惯。

2.克服虚荣

人无完人，谁都会有缺点和错误，这用不着掩饰。我们要以真诚的态度来对待生活，要树立远大的目标，追求美好、崇高的东西。不要整天把心思放在修饰打扮和赶时髦上，更不要夸夸其谈，不懂装懂。

3.加强自我调控

引导孩子要善于克制自己的抵触情绪以及无礼的言语和行为。对自己的错误要主动承认，善于应用幽默，自我解嘲地找个台阶下，不要顽固地坚持自己的观点。

如果发现孩子平日里的行为有些任性，那么，提醒他们不要陷于“敌对心理”的旋涡中。事先自我提醒和警告，处世待人时注意纠正，这样会明显减轻敌对心理和强烈的情绪反应。要懂得只有尊重别人，才能得到别人尊重的基本道理。要孩子学会对那些帮助过他的人真诚地说感谢，而不要不疼不痒地说一声“谢谢”，更不能不理不睬。要学会向他认识的所有人微笑。可能开始时他很不习惯，做得不自然，但必须这样做，而且要努力去做好。要在生活中学会忍让和耐心。

4.主动接受新事物

任性常和思维狭隘、不喜欢接受新东西、对未曾经历过的东西感到担心有关。为此父母要孩子养成渴求新知识、乐于接触新人新事、并学习其新颖和精华之处的习惯。

不专注、多动——男孩往往精力过剩

男孩的表现不像女孩那样稳定，要么是班里品学兼优的班干部，要么就是“出类拔萃”的坏小子。出现这种现象的原因就在于男孩体内的睾丸激素。这些男孩通常是体格健壮、精力旺盛、注意力集中的孩子，喜欢竞争和挑战，而且具有很强的领导能力。

由于男孩的这种精力过剩，使得他们如果不把精力投入到学习或是有意义的事中去，就会投入到恶作剧中去。父母和老师给予正确的引导就变得非常重要了。

建议一：帮助“好动”的男孩集中精力

男孩子多动，喜欢玩耍。在学习的过程中总是不能专心致志，边看电视边写作业，边吃东西边看课外书，等等。注意力不集中的男孩，学习本身就会变成一个很困难的事情，更别说取得好成绩了。所以，父母要督促孩子专心地去学习。

在平时的学习和考试的过程中，假如男孩遇到了难题，千万不要让他心烦意乱，要使他耐心专注，这样问题就会变得容易解决。所以培养男孩养成耐心专注的习惯是必需的，这将有助于学习成绩的提高。如何养成这种习惯呢？

第一，不管是在日常的学习中，还是考试时，当男孩遇到临时想不起来的问题时告诉他们要镇定。只有镇定，才会让他们的记忆慢慢恢复，才能有机会找到解决问题的突破口。

第二，让孩子不要有畏难情绪。他们所谓的难题其实就是那些综合性比较强的题。对于这样的题来说，他们只要耐心分析就会发现，都是由基本的知识点组成的，难题再难也不会超出大纲的要求。这个时候只要他们耐心专注、集中精力就会攻破难关。

建议二：外面的世界更适合男孩

对于男孩来说，敢于以执着和冒险的精神走向外面的世界，正是一种证明自我的机会。一个优秀的男孩应该是具备远见卓识的，而具备这一条件的前提就是要亲身去感受更多的事情，以此来丰富自己的阅历。对于男孩的父母来说，应鼓励男孩走出自己的小圈子，接触更多的人，体验更多的事。

冒险，是男孩成长的“催化剂”。正是它一步步地把男孩从脆弱引向坚强。人生的过程，其实就是一连串的冒险的过程。男孩正是在一连串的冒险中学会了勇敢，锻炼了体魄，增长了智慧，开发了潜能，形成了创造力。

让男孩走出去，还得要鼓励男孩的冒险精神，不要总是担心孩子会出危险。举例来说，爬树是诸多冒险行为中最受男孩尊崇的一种活动。这在父母看来是一种危险，对男孩来说却是有价值的冒险。首先，男孩可以看到树的整体，判断自己是否能爬上去。如果认为能爬，就会想到下一步的方法，确定从何处往上爬，哪个树枝能支撑自己的体重，像这样需要确认的项目很多。这样，如果男孩根据自己的经验判断能够爬到树顶时，便决定进行实际爬树，当然有时也会从树上掉下来受伤。但这是因为自己的判断不准确而产生的失败，这将成为下一次成功爬树的经验。

家长要培养男孩的冒险精神，就要从孩子小的时候做起。做父母的，应该鼓励男孩做各种有益的游戏，支持孩子参与各种有益的活动。不要害怕孩子会摔跤，能自己爬起来的孩子的脚步会更稳健；也不要担心孩子会受伤，因为只有经过摔打的体魄才更强健。

第二章

严是爱，溺是害

——妈妈对待男孩要“狠”一点儿

好妈妈应进行“岗前培训”

孩子是从母亲体内孕育的新生命，因而母亲的身体素质决定了孩子的健康基础。最新的科学统计表明，母亲的智商对孩子的智力有更为明显的遗传优势。女性的特质，即善良、勤劳、温柔的亲和力，填充了孩子在父亲影响下形成的思维世界，让他的精神在正义、勇敢……的筋骨下，充满情感的血肉。

母亲的素质对孩子的方方面面起着影响：

1.有修养的母亲养育有修养的孩子

2.善良温柔的母亲让孩子懂得为他人着想

3.耐心细致的母亲教会孩子做事

4.沉着镇定的母亲使孩子学会坚韧不拔

建议一：爱是维系母子关系的纽带

日本教育家井深大认为："孩子和母亲之间有一条纽带在维系着。"这条纽带不是语言，而是母爱。尤其是在培养人品的时候，这种不用语言也能进行意思传递的"纽带"更是必不可少的条件之一。

小时候缺乏爱的孩子，长大后多数也不懂得如何去爱，这并不能说他们自私，而应该说，这些孩子是因为在某一时期没有被爱过，所以不能接受爱。也就是说，在这些孩子的身上没有养成知足的心理和被爱的心理。

建议二：妈妈是男孩的第一任老师

老舍先生在怀念母亲时说过如下一段话："从私塾到小学，到中学，我经历过起码有百位教师吧，其中有给我影响很大的，也有毫无影响的。但是我的真正的老师，把性格传给我的，是我的母亲。母亲并不识字，她给我的是生命的教育。"

观察一下你身边就可以发现，那些阳光自信、充满乐观心态的孩子们，几乎无一例外地都拥有一位极其疼爱他们并乐于赞美的母亲。父亲的爱或许更多的是含蓄与深沉，他在潜移默化中教会孩子形成正确的价值观与良好的品性，而母亲的爱与热情，正好将这种力量激发出来，使之发挥出最大价值。女人天生具备表达情感和想法的特质，让母亲更易于夸奖孩子、关注孩子情绪的变化、在意孩子心情是否愉快等。父亲让孩子感受到勇敢和进取，但是让孩子在生活中深刻体会到这种品质的，还是与孩子形影不离的守护神——母亲。

很多人担心，不知道怎样去教育孩子珍惜人生、积极进取。其实，只要你自己本身是一个积极进取的母亲，孩子自然就能养成阳光的心态和性格。孩子对人生的所有理解，都是从母亲的身上慢慢感悟到的。正因为如此，妈妈才更有必要去改变自己、提高自己。

妈妈与孩子相处的时间最多，对孩子产生的影响也最大。有的妈妈说孩子不爱学习，但是她自己也从来没有在家中翻阅过一本正经的读物。

家长会上，如果是家长自由选择座位，常常可以见到大家都往后面坐，哪怕讲台前面的位置空了很多。有很多家长迟到，或者听到一半的时候就离开了教室，或者在听课的过程中从来没想过要记笔记，或者是突然接听电话，大声说话打断主讲人……

家长如此，还怎么去责怪孩子听课不积极、不记笔记、不用心、不守时么？

家庭是孩子的第一所学校，而母亲则是孩子的第一位老师。好的或者坏的教育，都将在孩子的心中留下烙印，代代相传。孩子身上的那些错误，很可能就是这个家庭的错误，或者，就是母亲的错误。

克制自己的包办心理——好妈妈应学会去除多余的爱

吃水果时，孩子拿起了水果刀准备削皮。妈妈见状，立刻夺了下来：“你不能削，会削到手。”

儿子拿起水杯，向热水瓶走去，妈妈马上说：“会烫着手，我来，你过去等着。”

公园里，器械旁，妈妈的眼神牢牢地跟着孩子，不时大声叫：“那边危险！不要过去！”“那么高的地方不能爬，会摔下来。”孩子下了秋千和滑梯，家长赶忙跑过去扶住孩子。

妈妈如此担心孩子，生怕孩子受到一丝伤害，于是把孩子严密地保护起来。孩子们的确没有磕着、碰着、摔着，家长以为安全了，尽到做母亲的责任了。可是，在这样的保护下成长的孩子是什么样的呢？

孩子们好奇的眼神在一次次“不能”的喝令当中逐渐变得漠然。忍不住伸出的手吓得缩回去，不再伸出。心里那只探索世界的小手也缩了回去。种种未知的危险始终回响在耳边，只是想象，就已经限制了孩子的行为。

等孩子渐渐地长大时，他们便什么也不敢做，什么也不会做了。母亲的代劳让孩子甚至没有了自己想要去做的意识。孩子们变得唯唯诺诺、自私、懒惰、怯懦、自卑和不合群，有的甚至出现了严重的心理问题，更别提冒险和探索了。

用一句话来说，这就是母亲过于保护的结果。想想看在这种环境中长大的男孩子，什么事情都不敢做，还期望他们能有什么创造性吗？

母亲的庇护不会出现在所有时刻，有些事故终归是难以避免的。男孩们要学的是怎样去解决生活中的疼痛甚至是困难。尝试了，体验了，即便是痛，也是他们人生的最初几步中宝贵的财富，感受了才能更深刻地意识到以后应该小心去避免。而妈妈们在无形中剥夺了男孩们享受的权利，导致了他们的无能。妈妈不是孩子永远的“保护伞”，经常沐浴在母爱保护之下的男孩离开了父母亲以后很难立足于社会。下面的这位妈妈就是很明智的，她给了孩子另外的一种保护：

为期两天的野营马上就要到了，孩子积极准备着去山里要携带的物品。他做了很多准备。妈妈检查了他的行李，发现他没有准备足够的衣服，因为山里要比平原冷得多，而且他也没有准备手电筒，这可是野营时需要带的东西。

但是妈妈什么也没说。

两天后，妈妈问回来的儿子：“怎么样？玩得开心吗？”

儿子说：“我带的衣服太少了！还有，我没带手电筒，这件事情很麻烦。”

妈妈问：“那为什么不预备好呢？”

“我还以为那儿的天气和这边一样，没想到山里会那么冷！下次再去的时候，我就知道该怎么做了。”

事例中的妈妈是想让“经历”去告诉孩子结果，而不是由自己直接告诉他，甚至无微不至地为他准备好。看上去，这位妈妈似乎是个不称职的妈妈，但她其实是一位非常明智的妈妈。因为她阻止了自己的过度保护，而给了儿子直接的体验和经验积累，从而避免了让孩子走向无能。

男孩有预约错误经验的权利，所以不要找出“不想让他走弯路”的借口，应放手让他尝试错误。体验了失败，才能更有利地回避失败，这才是最直接的给予！如果母亲只知道帮助他踢开前进路上的小石子，会让他觉得一切都是容易的、安全的和可靠的。只有无数次错误经验的累积，才能让孩子直观地感受到错误的真正含义，这些远远胜于妈妈的“千叮咛万嘱咐”。

所以，妈妈要大胆地给他尝试错误的机会，这是男子汉成长过程中必须要经历的一步。

建议一：让男孩在逆境中保持乐观

在现代的家庭教育中，妈妈要让孩子知道，他们面临的是一个处处充满竞争的社会，“物竞天择，适者生存”“优胜劣汰”是普遍现象，未经锻炼的翅膀难以搏击人生的风雨，难以在未来的竞争中取胜。妈妈们要认识到，要想让孩子在竞争中立于不败之地，必须对孩子进行挫折教育，让他们自小接受艰难困苦的磨炼，教会他们敢于面对挫折，不怕失败，以培养他们坚韧不拔的意志和毅力。经过在逆境中千锤百炼成长起来的孩子才能更具生存竞争力，这也是妈妈应为孩子尽到的义务和责任。

人的生活并非都是一帆风顺的，在我们的生命中总是充满着这样或那样的困难和问题。但是我们应该让孩子明白，在逆境中开放的花更美，就像冰山上的雪莲那样纯洁、美丽！所以我们要让孩子相信：挫折和困难正是上天给予他们的试金石，可以淘汰懦弱和无能者，使他们成为强者，懂得如何去完善自己，也会获得更多的经验和教训。

逆境能让孩子获得更好的成长机会。从一个人成长的一般规律看，顺境可以出人才，但是逆境、挫折的情境更容易磨砺意志，逆境也可以出人才。在逆境中经过挫折千锤百炼成长起来的人更具竞争力。因为逆境中奋斗的人既有失败的教训又有成功的经验，更趋成熟；他们能把挫折看成一种财富，深谙只有战胜失败才可能成功，成功是建立在失败的基础上的，因此更具有笑对挫折、迎难而上的风范。

让孩子保持乐观的心态，微笑着面对生活是很有必要的。那么，妈妈在生活中应该如何引导孩子乐观地生活，乐观地面对生活的各种挫折呢？

1.要朝好的方向想

有时，孩子变得焦躁不安是由于碰到自己所无法控制的局面。此时，你应该让孩子承认现实，然后设法创造条件，使之向着有利的方向转化。此外，还可以引导孩子把思路转到别的事上，诸如回忆一段令人愉快的往事。

2.不要过于挑剔

大凡乐观的人往往是“憨厚”的人，而愁容满面的人，又总是那些不够宽容的人，他们看不惯社会上的一切，希望人世间的一切都符合自己的理想模式，这才感到顺心。要尽量让孩子避免挑剔的恶习。挑剔的人常给自己戴上是非分明的桂冠，其实是在消极地干涉他人的人格。怨恨、挑剔、干涉是心理软弱的表现。

3.偶尔也要屈服

当孩子遇到重创时，往往会变得浮躁、悲观，但是，浮躁、悲观是无济于事的。我们要告诉孩子不如冷静地承认一切，放弃生活中已成为他们负担的东西，终止不能进行的活动，并重新设计新的生活。大丈夫能屈能伸，只要不是原则问题，不必过分固执。

建议二：消除孩子心中理所当然被爱的感受

相信大多数的家长都可以为孩子做出任何牺牲，且从不要求回报。但是如果家长表达爱的方式不对，就会让孩子们误认为父母为他所做的一切都是他理所应当得到的。长此以往，孩子很容易变得以自我为中心，目中无人。

有位爸爸家境优渥，从小接受过最好的教育，是美国较为有名的整形医生。他有三个孩子，现在都在各自的领域里独当一面。这位爸爸在美国看到了太多富家子弟因钱而彻底毁掉的例子，为了避免这种事情的发生，他在孩子们还很小时就给他们立下了规矩：可以帮家人剪草坪或者取报纸等来换得零用钱，而作为家长，只为孩子提供接受最好教育的经费，仅此而已。如果孩子要旅游、要买车、要租房，都要通过自己打工来实现。偶尔遇到特殊的情况，家长会借钱给孩子，同时要和孩子签合同，等到孩子有了能力之后要在第一时间偿还。

其实，他有足够的钱可以给孩子，但是有责任感的父母要教会孩子应该如何以正确的态度在社会上生存。

这样做的好处是让孩子真正体会到钱的来之不易，而且让孩子体会到自力更生的充实感。反之，一个从小在温室里长大的孩子不会懂得生活的来之不易，也不会懂得理解父母的辛劳，更不会理解父母的一片爱心，他们只是觉得这一切是理所当然的，有什么必要感恩呢？如果一个孩子是保持着这样的想法，可以断定他不懂得上进。到头来，父母的一片爱心换来的可能是失望和悲伤。

当你让孩子明白父母到底都为孩子做了些什么，你就会感慨，了解事实后的孩子变得懂事了很多。

三分爱，七分管——妈妈教育男孩的智慧

孩子是需要挫折才能健康成长的，溺爱则会让孩子养成不好的生活习惯和性格。

被溺爱的孩子很难遵守规矩，也不懂得自我约束，在他们看来，规矩就是为别人准备的。由于凡事都有家长包办，孩子往往有太多优越感，做事情眼高手低，也不善于与人相处。当别人帮助了自己的时候，在溺爱中长大的“小皇帝”们也不懂得感恩，反而觉得是理所当然；当他们看到别人比自己优秀的时候，不仅不会向别人学习、替别人高兴，还会产生沮丧、嫉妒的消极情绪。

不要用自己的爱为孩子埋下温柔的陷阱，由于被剥夺了犯错误和改正错误的机会，孩子也失去了长大成人的权利。当他们在日后的生活中遇到一些不如意的事情，除了向妈妈求救，就只能

“独自垂泪到天明”了。

不妨仔细体会一下美国小说家菲席尔·D. C女士的话：“母亲不是赖以依靠的人，而是使依靠成为不必要的人。”

建议一：好妈妈能拿捏好表达爱的分寸

天下没有不爱孩子的父母，但是，父母们往往拿捏不好爱的分寸，容易溺爱孩子。溺爱的危害不言而喻。在探讨如何防止溺爱男孩之前，我们先做个小测试，看看你是否是溺爱孩子的父母、这种溺爱到了何种程度。

题目：请根据孩子的真实状况选择偏高、一般、偏低三个选项。（注：该问卷针对6~12岁孩子的父母）

1.孩子会自己整理书包，准备上学用具。

2.受到挫折的时候，不会向父母发泄。

3.看到某些想要的东西，如果父母不给买，孩子就会放弃。

4.孩子在找人借东西之前，都会向物主说一声。

5.遇到什么困难都不会抱怨别人，并且希望下次做得更好。

6.会关心其他的家庭成员。

7.愿意与客人分享自己的食品和玩具。

8.无论是看电视的时间，还是上床睡觉的时间，都有规律可循。

9.需要做决定时，知道自己要什么，不会不知所措。

10.做家务劳动的时候尽职尽责。

11.能够清楚地表达自己的想法。

12.遇到问题首先想到自己解决，不会马上让父母协助。

13.见到别人会很自然地打招呼。

14.善于反省自己的问题。

15.不会乱发脾气，生气有原因。

16.能够欣赏别人的优点，而不是嫉妒。

17.对父母的付出懂得表达感谢。

18.家里家外一个样。

19.能适当支配自己的零用钱。

20.总是喜欢自己、欣赏自己，对自己很有信心。

21.容易亲近，善于与人合作。

22.喜欢动手帮忙做家事，不懒散。

23.在环境及外部条件恶劣的情况下，依然做好自己该做的事。

24.不会和人比较物质条件。

评分标准：

偏高得2分，一般得1分，偏低得0分。答完24题之后，累计总得分。

测试结果：

37分以上：你不是特别宠爱孩子，你的孩子已具备很好的社交能力，能应付这个繁杂的社会。

25~36分：你有一点儿宠爱孩子，现在你要帮助他建立他较欠缺的与人交往的能力。

12~24分：你很宠爱孩子，有时过度保护，有时又太放任，这样会阻碍他发展相关能力的意愿与标准。

11分以下：你已经过度宠爱孩子，阻碍他很多能力的建立，不可以再宠他了。

父母对孩子溺爱，受伤最大的是孩子。溺爱的危害首先在于这样的男孩比较缺乏同理心。因为男孩可能从来没有被父母呵斥过，也就无法准确体会别人的情绪和需要。被溺爱的男孩也容易没有自信，因为父母为他做好了一切，他还会做什么呢？被溺爱的男孩其表达能力或多或少都会有所欠缺，因为在他表达出来之前，父母都已经为他做好了。

那么，父母应怎样正确地向孩子表达爱意呢？美国宾夕法尼亚大学莫尔学院的哈利亚特博士认为：家长应该给自己准备一份自我检查表，经常对照检查，检查的内容有：

（1）告诉孩子“我爱你”。

（2）通过温和的触觉传达对孩子的爱意。

（3）关心孩子的行踪。

（4）让孩子明确什么是对，什么是错。

（5）对孩子每一个小小的进步表示认可。

（6）向孩子询问对父母是否有意见。

（7）耐心地回答孩子提出的各种问题。

（8）交给孩子一些工作，让他懂得承担责任。

（9）让孩子对自己有足够的信心。

（10）尊重孩子的个性。

哈利亚特博士在进行研究的过程中，为家长总结出向男孩表达爱的三条途径：

第一，每天有固定的时间与男孩进行交流。可以是坐在地板上与男孩一起做游戏，可以是帮助男孩完成学习计划，可以是与男孩一起欣赏电影。

第二，用和蔼的语言让男孩感觉到被认同。当男孩向父母表达一种感受的时候，父母应该是以同样的心情回应他。

第三，帮助男孩正确表达自己的情绪。家长可以限制男孩的行为，但是要让男孩充分地表达自己的情绪，教给他正确表达情绪的方法，而不是单纯靠哭闹就可以解决问题。

按照这三条建议做，相信家长对男孩的溺爱行为能得到较好的纠正。

建议二：让男孩感受到自己“得宠”

一个孩子生活中受到周围人的关注越多，在各方面就会表现得越好。当他感到自己“得宠”时，就有动力追求完美和优异。当一个孩子明显地感受到被关注，就更希望表现自己，所有的才能都会被调动起来。

对于孩子来说，他们内心中最需要的是一种爱的感觉，他们希望有更多的时间和爸爸妈妈在一起，感受到更多的来自父母的关注和爱护，这种良好的感觉，是孩子在日后乐观、积极、自信的主要动力源。

或许，父母只是每天简单地问一句“今天在学校怎么样”，却传达给孩子一个明确信号，那就是父母很在乎他在学校里的表现。有些家庭的家长可以从各方面关注子女的教育，而另一些家长只有时间去关注子女一两个方面的问题。但不论何种层次的介入，相信都会对子女的一生起到重要的作用。每天，我们可以在家中听孩子讲述他在学校中看到的有趣的事，和小孩子一起聊聊天，这并不是什么难做到的事情，所能起到的作用却很大。

曾经有一位教育研究者给家长提出了一道多项选择题：以下

四个选择，你认为哪项最能够帮助小孩在学校里提高学习成绩？

A.为学校做义工

B.监督小孩功课

C.与小孩讨论学校所发生的事

D.与小孩的老师保持联系

当然，以上的任何一项都对小孩的学习进步很有帮助。但是研究人员的统计结果表明：选择C的家长，他们的小孩在学校中的成绩是最好的。这并不意味着其他的选择不重要，而是更加深刻地说明了父母和子女共同参加一项活动是多么的重要。

弗兰克是家里的一个小主人，不但参与家庭中的各种活动，还参与家庭大事的决策。比如爸爸妈妈要购买什么样的汽车或者是家电，要怎样把房间布置一下，都要询问一下弗兰克是否有更好的主意。父母对男孩如果不进行沟通引导，其结果常常会适得其反。家长要培养一个好孩子，应该与他们尽可能多地交流，交流得很好会促进你与孩子之间的融洽关系，也方便我们开诚布公地教导他们。

教育好男孩的秘诀

教育男孩，最忌讳的就是溺爱。一个在溺爱环境中长大的男孩，别指望他将来会有出息。对男孩的爱，只能放在心里，表现出来的还是要“狠”一点儿。要舍得让男孩吃一点儿苦头，不要对男孩的要求全部给予满足。以男孩为中心，一味地溺爱，是不利于男孩身心健康的，对他们的成长极为不利。

建议一：妈妈应多培养拥抱男孩的习惯

人类需要的是暖和、柔软的触感，以及轻轻摇动的感觉，而母亲温和地怀抱婴儿，对婴儿的心理发展无疑是最重要的。肌肤关系，是培育丰富情感的基石。

成长中的男孩需要家长更多的细微关心和更多的拥抱。妈妈对于儿子要多关心，要经常问问男孩最近的学习还有活动状况，询问一下男孩掌握的知识有多少，最近阅读了什么样的好书，应该尽量多表扬男孩，让他感觉到自己每天都有进步，哪怕他今天只是改正了一个缺点。妈妈的拥抱与鼓励是不可少的，最起码会让男孩具有一定的自信心，让他懂得今后去更加主动地学习。

建议二：请放下那副“教育孩子”的架子

李丽从国外回来，那里的许多人和事仍历历在目，如一些家长蹲着，和孩子在一个视线高度上面对面地谈话，给她留下了很深刻的印象。

第一次见到这种情景是在她住的朋友家。一个周末，他们请了一对青年夫妇和孩子来吃晚饭。当这个两岁多的孩子吃饱了，要去玩时，孩子的母亲也立即离开餐桌，蹲下来面对着孩子说：“你是不是坐到离餐桌远一点儿的地毯上去画画？”孩子高兴地坐到那边独自玩去了。当时，她对这位家长蹲下来对小孩子说话的举动虽然感到讶异，但又以为这只是这位妈妈特有的教育方式而没再多问。

又一个周末，学校的一位秘书尼蒂请李丽去做客，她又一次见到这动人的情景。尼蒂有一双可爱的儿女，当他们准备乘车一同去超级市场时，4岁的儿子罗艾姆因为姐姐先坐进汽车而不高兴，尼蒂在车门口蹲下来，两只手握住儿子的双手，脸对脸，目光正视着孩子，诚恳地说："罗艾姆，谁先坐进汽车并不重要的，对吗？"罗艾姆看着妈妈，会意地点点头，钻进了汽车并挨着姐姐坐了下来。第二天上午，李丽和尼蒂一家去公园玩。当罗艾姆同姐姐跑跑跳跳，要到湖边去看戏水的鸭群时，不小心绊了一跤，眼泪在他的大眼睛里滚动着，马上要流出来了。这时，尼蒂又很自然地蹲下来，亲切地对儿子说："你已经不是小宝宝了，是不是？你已经是个大男孩了，绊一下是没关系的，对吗？"李丽也学着在一旁蹲下来，面对着罗艾姆说："是的，你是个大男孩了，对吗？"孩子一下子就收住了眼泪，很自豪地玩去了。

这时，李丽禁不住同尼蒂谈起了这样的教育方式。尼蒂说："与孩子说话当然要蹲下来呀！他们年龄小，还没有长高，只能大人蹲下来，才能和他们平视着说话。在我小的时候，我的父母就是这样同我说话的。我认为，孩子也是独立的人，因为他们比成人矮一些，成人就应该蹲下来同他们说话。"

实际上，这里的"蹲下"并不只是动作和行为上的"蹲下"，它更多的是传达与孩子站在相同立场上的观点。妈妈只有放下架子，和孩子平等交流，才能真正走进孩子的内心，给孩子以鼓励和帮助。

建议三：以身作则，培养诚实的男孩

小时候，妈妈给孩子灌输的是一种什么样的心态，他长大了便会用什么样的心态去对待身边的事与物。你可以通过分苹果这样的小事，给孩子灌输一种积极诚实的心态。如果你对孩子撒谎睁一只眼，闭一只眼，不闻不问，听之任之，就会变成一种放纵，孩子会越说越厉害，直至走上邪路。

好妈妈言出必行

优秀的母亲必须让孩子知道，要言出必行，说话算话。要教育孩子对别人讲信用、负责任，首先就要从自身做起，给孩子树立榜样，答应的事情就要做到。只有说话算话的母亲才能在孩子心目中树立起威信来。

有太多的家长在孩子面前言而无信。比如，孩子哭闹时，妈妈常用许诺来哄孩子："别哭了，回头妈妈给你买辆小汽车。"妈妈并不准备兑现这轻易的许诺，孩子却信以为真，满怀希望地等待着。然而一次次的许诺都不过是"空头支票"，孩子的一次次希望都成泡影。这样下去，孩子不仅逐渐失去对妈妈的信任，也慢慢地学会了说谎。妈妈只有在孩子面前信守诺言，才能真正树立威信，同时也会给孩子良好的教育，影响孩子以后的言行。

建议一：孩子是妈妈的镜子

孩子从一出生，母亲就与他有亲密的接触，孩子的最初触摸记忆和声音记忆都来自母亲，母亲是与孩子的身体和心灵靠得最近的人。等孩子长大以后，其他的孩子是否接纳他，关键在于他怎样去接纳别人，适应社会。而这种接纳他人的能力就是从模仿母亲开始的。一般来说，一个热情的孩子往往有一位温柔慈爱的母亲；一个性格古怪的孩子往往其母亲的性格也比较古怪。没有母亲的孩子，则更是容易走上极端。

当孩子做错了事情的时候，往往是母亲来给他安慰和鼓励；学校里发生的不愉快的事情，母亲也应耐心地倾听并关注孩子的情感。如果一位母亲可以做到善意地倾听，让孩子体会到被尊重、被珍视的快乐，孩子也就会模仿母亲的口气和神态，去分享他人的喜怒哀乐，这样的人是大家都会喜欢的朋友。

另外，孩子在与人相处的时候是否心态自如，也与他和母亲相处时候的心态有很大关系。能够与母亲随时进行有效的沟通、交流感情的人，从小会在表达和感情上比较明确、稳定，这也是决定他是否能与他人正常交流的关键。

建议二：做身体力行的好妈妈

孩子的精力其实是非常旺盛的，而且需要父母来调动积极性。如果父母能和孩子站在一起，共同完成一件事情，孩子都是乐于接受的。如果仅仅停留在告诫和说教上，效果就不怎么明显了。

0～6岁是孩子整体素质形成的关键时期，既然遗传对男孩的心灵的影响是微乎其微的，父母不妨打起精神，用行动去培养未来的绅士。

第三章

零吼叫养出100%好男孩

——这样和男孩沟通最有效

不要在气头上和男孩说话

对于孩子，家长们总是忘记一个事实：孩子和我们一样，也是个独立的个体，是一个和我们一样有着自尊的人。在家庭教育中，教育者的心态和教育的出发点直接影响着教育结果，所以不要因为他是你的孩子，就在众人面前让他的缺点被暴露得一览无余；或者因为无法掩饰你愤怒的情绪，就伤害孩子。孩子的自尊心有时是透明的玻璃制品，碎了就很难复原，伤害的影响也许是永远的。

其实，有的家长也明白孩子的自尊心非常敏感，不能伤害，但是有时候看到孩子还是老样子，就忍不住怒火攻心，恶语相向了。怎样避免这种情况？很简单，当你觉得自己在气头上的时候，忍住怒气，离开孩子。当你有意识地躲避孩子，就会少说很多令他伤心的话。这也是一个无可奈何的解决方法。

建议一：别让孩子看到你就害怕

生活中，很多妈妈习惯把儿童的品行问题归咎于孩子自身，所以习惯指责孩子；可是很少有人去反思自己的教育方式。事实上，孩子品行习惯的养成依赖于妈妈的教育方式。所以每一位妈妈在思考改变孩子的问题时，切入点永远应该是如何改变自己的教育方式。哪怕你认为孩子的毛病就是来自孩子自己，你也有责任通过改变你自己来唤起孩子的改变。不这样思考，你就永远找不到改变孩子的路径。

当发现孩子说谎的时候，千万不要立即去教训孩子，此时，不妨冷静地坐下来想一想，孩子为什么会说谎，是因为自己给了孩子很大的压力？还是因为在以往的生活中，每次孩子犯错误都会遭到严厉的批评？抑或是不尊重孩子的想法，凡事要求孩子按照自己的意愿生活？找到原因后再对症下药，这样才是解决问题的根本之道。

只有从根本上消除孩子的后顾之忧，才能让孩子远离谎言，生活在真实的世界里。

建议二：不要随意打断孩子的讲话

每个孩子都有自己的心声，家长一定要耐心去倾听，才能够真正了解孩子的想法、感受，亲子之间才能实现良好沟通，建立和谐的关系。

孩子说话时，无论你有多忙，一定要用眼睛看着孩子，不要随意插嘴，而且要表现出对话题的兴趣，让孩子发表他们的观点，完整地听他所讲的话。如果你在某一重要原则上表示不同意他的看法，应告诉他你不赞同他的什么观点，并说出理由。在提出反对意见时不要过于武断，不应否定一切。即使孩子是在胡说八道，也要控制你的火气，不妄下定论，直到完全理解清楚。

家长应该试着用不同方法使得孩子愿意与你交流。作为父母，在倾听孩子说话时，理应更加细心，更加富有同情心。父母应该努力尊重孩子，从而营造出更加友好的交流氛围。

怎样说男孩才会听

家长希望男孩“怎么做”，或“不要怎么做”时，都不宜采取强制方式。因为强制的结果，要么造成男孩被动心理和懦弱性格，遇事没有主见；要么使男孩产生逆反心理，脾气更犟，说什么都不听。

例如，当孩子看电视或小说正起劲儿而忘了已经到学习的时间时，或知道该学习了，但不想停下来时，一般不宜立即强制孩子停下来，马上去学习；更不能采取夺下小说，关掉电视等“强硬”的行为。因为这样做，孩子要么不愿意，和父母顶撞争吵，要么即使勉勉强强坐在了书桌旁，也不会专心。结果，既破坏了孩子的兴致，也没有使孩子安下心来学习，使孩子整个晚上烦躁气恼，一无所获，甚至到第二天情绪尚难平静。而没有好的情绪，不可能有好的效率，这样下去只能是一事无成。

其实在这种情况下你只需要轻轻提醒一句“该停了”或“到学习时间了”，无须多说，随后就走开去办你自己的事，给孩子留下“自觉”的机会。往后，你越是相信他，他也就越是会遵守自己的承诺，会按时停下其他活动，及时地坐下来专心学习。

在此之后，明智的父母若想彻底改变男孩的不良习性及给予适当建议时，可以找个适当的时间和机会（例如在散步时），在轻松愉快的气氛下，给他讲明道理，说明一味凭兴趣，总任着性子做，成不了大事，建议孩子以后一定要以理智和意志支配自己的行动。这样孩子一般能愉快地做出“以后到时间，就去学习”的承诺。

激发孩子天赋和潜力的重要做法是做民主的父母，对孩子采用民主型的教养方式。家长应尊重孩子，做事经常考虑孩子的想法和意愿，不把孩子当成“附属品”，而当成“独立人”看待。遇事和孩子商量、沟通，多对孩子说“这件事爸爸妈妈想听听你的意思”“孩子，这是个严重的问题，咱们商量一下看怎么解决好”这一类商量的话。受到这样的“邀请”，孩子会非常开心。他在家中的地位得到了体现，他会从父母的重视中感受到一份尊重，也不再觉得父母高高在上，反而会有种亲近感。

商量的魅力在于，能使家庭关系变得和谐。商量，能使孩子得到大人的尊重，从而使孩子懂得尊重别人，并学会用商量的办法去对待父母和他人，避免冲突和对抗；商量，能使孩子学会从别人的角度来观察事情，思考问题，学会民主和平等、尊重和友谊。

家长在涉及孩子的问题上，尤其要和孩子商量，听一听孩子自己的意见，比如给孩子选什么才艺班、怎样花好零花钱、什么时间看电视、暑假时间怎么安排、怎么玩、去哪儿玩等，这些都关系到孩子生活能力、兴趣和爱好等的培养。如果不和孩子商量，独断专行，男孩容易产生逆反心理，或对学习丧失兴趣。

建议一：与男孩交流需要遵循“二八定律”

一般情况下，我们付出的80%的努力，也就是绝大部分的努力，都没有创造收益和效果，或者是没有直接创造收益和效果。而我们80%的收获仅仅来源于20%的努力，其他80%的付出只带来20%的成果。这就是“二八”法则。

显然，“二八”法则向我们揭示了这样一个道理，即投入与产出、努力与收获、原因与结果之间，普遍存在着不平衡关系。小部分的努力，可以获得大的收获。起关键作用的小部分，通常就能主宰整个组织的产出、盈亏和成败。

所以，我们做事情应该把自己的精力花在重要的少数问题上，因为解决这些重要的少数问题，你只需花20%的时间，即可取得80%的成效。而和孩子谈话，亦是如此。

一般而言，最好对年龄小的孩子侧重管教，而对大孩子则多交谈。例如，告诉2岁的孩子电源是危险的所以不能碰，就不如把他的手一把拉开并严厉地说“不能碰”，这样更能使他立即理解你的意思。

可是，如果你不对一个13岁的偷偷抽烟的孩子详细解释尼古丁的害处，而只是简单地责罚他，就不能收到好的效果。在这些男孩的世界中，他们需要大量的空间去表达自己、需要耐心的听众，爸爸妈妈们应多多倾听，让他们说出自己的想法，并且及时解答他们的疑惑。这就像大禹治水，重在疏导，而不是想办法用东西堵塞。

建议二：千万别当唠唠叨叨的家长

经常有家长抱怨，说孩子不听话，一件事讲好几遍也听不进去，讲多了，孩子又嫌自己烦。其实家长应从自身找原因，唠叨的家长往往是缺乏自信、性格软弱的人，对自己讲过的话、做过的事不放心，才会一遍遍地重复。男孩生长在这样唠叨的环境中，很难形成良好的个性。

避免唠叨还要切实地提供男孩自由选择的空间。“记住在晚餐前将你的房间清理干净。”这样的说法能给予你的孩子喘息的空间，尽可能不要经常要求男孩立即做某件事，没有人会对俯冲的轰炸机有正面回应的。

总之，在这个问题上应注意以下几点：

1.别只盯着孩子的缺点。

2.批评的话不宜多。

3.注意和孩子的情感交流。

另外，父母对孩子讲话也要经过认真思考，要讲重点，不要信口开河。说出去的话、下达的命令要算数，不能出尔反尔。

父母不能对男孩说的话

现实生活中，大多数父母都喜欢在男孩面前唠叨一些话，如“你只管好好学习就行了”“家务事不用你操心”“别和那些成绩差的孩子玩”“你比谁都聪明，就是不认真刻苦”……仔细分析一下，父母的这些话对吗？就拿“你比谁都聪明，就是不认真刻苦”这句话来说，显然不对。

真正的学习是轻松的，轻松地学习才会有快乐，同时，轻松地学习也会使我们的学习效率更高，学习效果更好。也只有在轻松的状态下学习才能不被学习所奴役，才能发现学习的兴趣。

首先，轻松学习需要劳逸结合，合理安排时间。

心理学专家认为，每天要有充足的睡眠时间：初中生为9小时，高中生为8小时。为了更好地学习，每天至少要保证8小时的睡眠时间才能有充足的精力去高效率地学习。

一个人的精力如同一根弹簧，你如果在它的弹性限度内拉开它，手一松，就会弹回去，恢复原来的状态。但假如你无限度地拉，超出了弹簧的弹性限度，当你再松手的时候，它就不会再恢复原状了。

如果你的孩子睡眠不足，每天超负荷学习，就好似超过“弹性限度”，时间长了，必定影响身体健康。同时，由于大脑连续工作时间过长，会疲劳不堪，从而感到学习很累，轻松更无从谈起，学习效率也会大大降低。我们的大脑每天都处在兴奋和抑制的交替进行状态，即学习时大脑皮层兴奋，随着学习的进行，兴奋逐渐减弱，并出现抑制，这就需要使大脑得到休息。

如果你的孩子在学习时感觉到很累，最好让他小睡片刻，这样精神就会很好，因为这时睡觉会马上进入梦乡，所以睡眠质量很高，可以马上补足精神，精神补足后，学习效率就会提高，学习也变得相对轻松起来。

要让孩子养成学习中途休息不超过10分钟的习惯，因为超过10分钟，会较难收心。中午时分，如果能小睡一下，下午和晚上都会更有精神。体育锻炼是休息的最佳方式，这是一种积极的休息方法，对提高学习效率非常有帮助。事实上，只有做到劳逸结合，学习才会变得轻松起来。

其次，轻松学习也要适合自己的个性。在学习中，每个人的个性各有其优势，不必羡慕别人，别人的方法也未必适合你。

再次，轻松学习需要培养记忆力。许多家长认为，人的记忆力是天生的，无法培养。事实上，这种说法是错误的。没有一个人在生下来的时候就认识他的妈妈。他之所以能够认识自己的妈妈，是因为妈妈经常和他在一起。因此，人记忆力的好坏不仅与遗传因素有关，更重要的是和记忆的条件、记忆的方法有关。许多父母以为孩子记忆力不佳是资质比较愚钝，其实不然，大多数孩子记忆力差，是因为没有掌握记忆的规律，缺乏正确的记忆方法。只要我们有意识、有目的地加以培养，任何健康的孩子都是能够提高记忆力的，高效的记忆会提高学生的成绩。

最后，轻松的学习需要从压力中走出来。当自己的孩子感觉到学习压力大时，让他们自己彻底放松一下，从学习的压力中走出来。这时，可以听听音乐、做做运动，也可以出去散散步。

关于“你只管好好学习就行了”

学习效率是决定学习成绩的重要因素。学习效率的提高，在很大程度上取决于学习之外的其他因素，如人的体质、心境、状态等诸多因素，这些都是与学习效率密切相关的。并不是说让孩子每天除了学习其他的事情一概不做就能够使他的学业进步，效率才是提高学习成绩的关键。

那么，我们如何引导孩子提高自己的学习效率呢？

首先，一定要孩子自信。很多的科学研究都证明，人的潜力是很大的，但大多数人并没有有效地开发这种潜力，这其中，人的自信力是很重要的一个方面。无论何时何地，孩子做任何事情，有了这种自信，就有了一种必胜的信念，而且能使他们很快就摆脱失败的阴影。相反，一个人如果失去了自信，那他就会一事无成，而且很容易陷入永远的自卑之中。

其次，教育孩子学习的时候注意力要集中。学习的过程，应当是用脑思考的过程，无论是用眼睛看、用口读，或者用手抄写，都是作为辅助用脑的手段，关键还在于用脑子去想。举一个很浅显的例子，比如说记单词，如果你的孩子只是随意地浏览或漫无目的地抄写，也许要很多遍才能记住，而且不容易记牢，而如果他们能充分发挥自己的想象力，运用联想的方法去记忆，往往可以记得很快，而且不容易遗忘。现在很多书上介绍的英语单词快速记忆的方法，也都是强调联想的作用。可见，如果能做到集中精力，发挥脑的潜力，一定可以大大提高学习的效果。

再次，要孩子保持良好的情绪。孩子在精神饱满而且情绪高涨的情况下学习就会感到很轻松，学得也很快，其实这正是他们学习效率高的时候。因此，保持自我情绪的良好是十分重要的。

此外，要提高学习效率，我们还应尽量要求孩子做到以下几点：

1.每天保证8小时睡眠

晚上不要熬夜，定时就寝。中午坚持午睡。充足的睡眠、饱满的精神是提高效率的基本要求。

2.坚持体育锻炼

身体是“学习”的本钱。没有一个好的身体，再大的能耐也无法发挥。因而，学习再繁忙，也不可忽视放松锻炼。有的同学为了学习而忽视锻炼，身体越来越弱，学习越来越感到力不从心，这样怎么能提高学习效率呢?

3.主动学习

只有积极主动地学习，才能感受到其中的乐趣，才能对学习越发有兴趣。有了兴趣，效率就会在不知不觉中得到提高。有的学生基础不好，学习过程中老是有不懂的问题，又羞于向人请教，结果是郁郁寡欢，心不在焉，提高学习效率更是无从谈起。这时，唯一的方法是向人请教，不懂的地方一定要弄懂，一点一滴地积累，才能进步。如此，才能逐步地提高效率。

4.注意整理

学习过程中，把各科课本、作业和资料有规律地放在一起，待用时，一看便知在哪里。而有的学生查阅某本书时，东找西翻，不见踪影，时间就在忙碌而焦急的寻找中溜走。没有条理的学生不会学得很好。

关于“少和那些成绩差的孩子一起玩”

孩子的小伙伴到家里来，这是再正常不过的事情了。从做父母的观点来说，到家中来玩的同学中必然有较受欢迎的和不受欢迎的。若是能和自己的孩子安安静静做功课的同学，就是受欢迎的小客人；如果在进入别人家的时候，只知任意嬉戏的同学，则被列入不受欢迎的名单中。

但是，当父母发现自己的孩子与那些学习成绩不好的孩子玩得很好的时候，千万不要对孩子加以指责，而是要合理地引导孩子，希望孩子能够取其长处，避其短处，既能够帮助自己的小伙伴，同时又能让自己保持上进。

帮助别人就是帮助自己，在孩子的学习问题上，这句话具有深刻的含义。

首先，当孩子主动地帮助其他同学的时候，他的大脑处于学习的最佳状态，因为，他一定会努力像老师那样积极地思考问题。我们通常说“要教给别人一杯，自己得先有一桶”，为了能帮助同学，孩子在心理上就会为自己提出更高的要求，这样一来，对于知识的掌握和理解就很容易超出自己原来的水平。

其次，当孩子无私地帮其他同学的时候，心中是自豪的、宽容的，当他全身心投入的时候，无形之中增强了自己的自信心，对于下一步的学习，就会更加充满热情和活力，因为他学习的价值在帮助别人的时候得到了充分的展现。

可见，只要是家长用恰当的方式对孩子进行积极的引导，孩子是不会变坏的。家长观察孩子的朋友，不要总是一味地以学习成绩来衡量，而应该综合多方面来考虑。如果孩子的朋友是一位成绩一般，但是见识广博、有想法，或者品德很高尚，那或许也会成为孩子难得的挚友。孔子说过：“益者三友：友直、友谅、友多闻。”并不是说所有成绩好的孩子才值得成为朋友。

言传力量永远小于身教

妈妈是孩子的第一任老师，也是孩子最亲近的人，妈妈的所有行动容易被孩子认为是正确的；并且，由于孩子知识经验贫乏，辨别是非能力差，对妈妈的言行会不加选择地模仿，因此，妈妈要求孩子做到的，自己必须要首先做到。例如，要求孩子孝敬长辈，自己首先要敬老；要求孩子尊重别人，自己首先要尊重别人，对所有人一视同仁。

建议一：以身作则，教男孩学会尊重

作为孩子的启蒙老师，妈妈不仅仅要教会孩子基本的生存技能，更要以身作则，教育孩子尊重父母、尊重身边的亲人。一个不懂得尊重别人的孩子，他对自己的言行举止肯定也不会有最基本的尊重，极端的甚至连自己最宝贵的生命也不尊重。进入社会，孩子就成了社会的一分子。作为社会成员，尊重他人，才会赢得别人的尊重。握一个手、道一声好，别人遭遇不幸时持一种同情、怜悯之心，而不是漠然、讥笑；自己收获成功也不狂妄自大，而是谦逊、随和，这才是一个社会中的人，才是一个真正大写的人。

建议二：父母应该约束自己的言行

家庭教育，绝不仅仅是父母只用语言来教导男孩如何去做，父母的身教更重于言教。因为，男孩更多是通过模仿来学习，年龄越小的男孩，父母的行为对他影响越大。

父母会成为男孩直接的学习对象，不论是父母良好的行为，还是不良的行为，男孩都会模仿。孔子曾经说：其身正，不令而行；其身不正，虽令不从。你希望男孩成为什么样的人，你首先就要是什么样的人。

第四章

任性的“小皇帝”不可纵容

——自控能力决定男孩的成就

教男孩用冷静代替冲动

对于青少年来说，控制自己的冲动是件非常不容易的事，因为我们每个人的心中都存在着理智与感情的斗争。冲动会使人丧失理智，所以情绪冲动时，不要有所行动，否则你会将事情搞得一团糟。当谨慎之人察觉到情绪冲动时，会立刻控制并使其消退，用冷静代替冲动，避免因热血沸腾而鲁莽行事。

建议一：自制离不开冷静与沉着

我们平时无论在工作中还是生活中，都要尽力保持理性，用理智代替情感，做到客观地分析情况，这样才有助于找到问题的答案与真相，否则在冲动的情绪下，只会丧失敏锐的判断力，最终做出令自己抱憾的决定。

自制需要强大的意志力。苏联教育家马卡连柯说过：“坚强的意志——这不但是想什么就获得什么的本事，也是迫使自己在必要的时候放弃什么的本事……没有制动器就不可能有汽车，而没有克制也就不可能有任何意志。”因此，反过来也可以说，没有坚强的意志就没有自制能力，坚强的意志是自制能力的支柱。意志薄弱的人，就好像失灵的闸门，对自己的言行不可能起到调节和控制作用。

我们要强化日常的实践锻炼，用以增强自制力。一方面要学习知识，令我们视野广阔，并且要通过知识来武装自己的大脑，提高自己分析问题和解决问题的能力，不仅限于书本上的知识，我们学习别人已有的经验，也是为了提升自己决断事情的能力；另一方面，要积极投身到日常生活实践中去，在生活中不断积累经验，提高自己的遇事应变能力。综合以上两个方面，我们才能沉着与冷静地处理事情，具有良好的自制能力。要知道，自制力离不开自身的沉着与冷静。

建议二：教男孩抵制诱惑

每个人都会面对诱惑。成功的人之所以成功，就是因为他们能够约束和克制自己的冲动。家长培养男孩抵制诱惑的能力就格外重要。

要想让男孩学会抵制诱惑，首先家长要学会反思。当男孩出现了问题，家长应该先反思自己。很多父母将大部分的时间都用于工作、家务和娱乐，很少花时间和儿子耐心地沟通。当男孩的精神需求得不到满足，他自然就会寻求替代品，于是电视、电脑成了男孩的精神麻醉剂。有的家长自己不和儿子交流，也不鼓励男孩多交朋友。男孩的充沛精力得不到发泄，就会被各种诱惑吸引，一不留神就会掉进诱惑的陷阱。所以，家长也要反思一下自己在平时是否考虑到了男孩的感受，是否给予他足够的精神满足。

高尔基说：“哪怕是对自己的一点儿小小的克制，也会使人变得强而有力。”德国诗人歌德说：“谁若游戏人生，他就一事无成，不能主宰自己，永远是一个奴隶。”一个人要想成为能够主宰自己命运的强者，成就一番事业，就必须对自己有所约束、有所克制。因此，对男孩的自控教育是家庭教育必不可少的内容之一。

让男孩对自己严格要求

教育男孩就要赏罚分明，孩子做得好要给予奖励，孩子做错事时也一定不能姑息，哪怕只是小错也要进行适度的处罚，这样孩子才能正视自己的错误，及时改正。有的人认为，孩子犯了小错可以不问，犯了大错就必须加以批评。其实不然，小错更应该引起家长的重视。

孩子的判断能力远不及大人成熟，他们时常会犯错误。但是，即使是孩子，也具有区分好坏的基本判断能力，如果犯了严重的错误，内心深处一定会有所察觉。虽然不知原因，他也会自问是否做错了。

相反，当孩子犯了小错误，就应“随时确认”，及时给予批评警告。有时，孩子未必能意识到自己的错误，如果不加以纠正，小错很可能演变成大错。因此，不断纠正小错误，才能做到防患于未然。

建议一：增强男孩的羞耻心

男孩年龄小，是非判断标准还很模糊，他们主要是按自己喜爱和厌恶的情绪来判断人物和事物的是与非。家长在生活中要耐心地正面引导、纠正，使男孩通过成人对其行为、言语的评价，逐步认识到自己行为的是非，从而提高分辨是非的能力。如男孩听见某些人说了脏话，就跟着学，这时父母需要解释清楚，这句话是骂人的话，不好听，不文明，不要学说等。这样耐心教导，男孩便不致因从众心理而摹仿不良行为，进而养成良好的个性品质。

建议二：不要让男孩做“电视土豆”和“网瘾君子”

孩子整天围着电视电脑，是让家长最不能忍受的一件事情。“你就不能下楼打打球？”“再看都成傻子啦！”“眼睛近视了看你怎么办！”无论是从健康的角度，还是从孩子的学习角度，相信很多家长都能说出一大串不要多看电视的理由，但孩子就是不听。这时候怎么办？

有一个妈妈的做法就很巧妙：

平时妈妈总是叮嘱儿子说9点半必须上床睡觉，不然就把电闸关了。可是儿子不听，有时候妈妈出门去买东西，他就在家看电视。听到妈妈上楼的声音，他就把电视机关了回房睡觉，妈妈一摸电视机就明白，还是热乎的。这简直就像地下工作者与敌人的斗智斗勇。找出证据又能怎样，还是不能让孩子从根本上对电视失去兴趣。

儿子看书的时候，妈妈说：“孩子你今天多看会儿书吧，到10点睡，记得关上灯。”可是她关上屋门，孩子根本就没有看书，而是在里面看漫画或者睡觉呢。

看到打压行不通，妈妈就改变了策略。有一天晚上，孩子又在看电视。妈妈就对孩子说：“儿子，今天你随意看电视吧，好看就多看会儿，记得一会儿帮我关了电视机。”结果她在自己屋里听，孩子还没看到一个小时就关了电视机，进屋自己玩儿了。然后，妈妈就走进孩子的卧室问：“怎么不看电视啊？”“唉，今天的节目没意思。”孩子说。

“那你今天看书吧，不许看到很晚，9点半一定要关灯睡觉，注意身体，别太辛苦了。”结果，这孩子学到10点才睡。

孩子都有一个逆反的心理，你越是说他，他越是不愿意去做；但是如果你跟他说不要太努力了，他又会努力起来。

给男孩充分的信任，哪怕他没有尽力

我们常常强调“换位思考”，为对方着想可以减少误会，分享想法，是解决问题的最佳方式。但是这条规则至今还没有完全应用到成人与孩子的世界当中，虽然家长都是全心全意地爱孩子，但是从来没有从孩子的角度去建设一个适合孩子生活学习的社会。

希望自己的教育能够起到真正的效果，这不是靠补习班和学习机就能实现。任何广告上宣称的简便方法，都是在利用家长的求急心理。我们明白做任何事情都不能投机取巧，教育孩子尤其如此。孩子的成长是一个日积月累的过程，因而了解孩子对父母的期待，也是父母的必修课。充分地信任孩子，给他最广阔的舞台施展自己，才是家长最需要做的。

孩子对父母有深厚的感情，他不一定通过言语表达，但是他一定会对父母有不同于常人的期待：别人可以忽视他的进步，但是父母的赞扬一定不能少；别人可以对他的愿望充耳不闻，但是父母一定要理解他的心意。孩子对父母的期待，就像父母对孩子的期待那样真切、热烈，甚至让人觉得不能承受，但是父母似乎没有觉察。

朋友之间需要互相欣赏。如果总有人在你面前赞美别人，你也会觉得难过，父母与孩子之间更是如此。孩子不希望自己被父母拿去和别人比较，因为简单的比较得出的结论往往是片面的，会深深伤害孩子的心。孩子希望父母能够看到自己的进步，看到自己的努力。即使没有努力的孩子，听到父母的赞扬也会朝着好的方向转变，骂声只会让孩子越来越没有自信。

在父母管教过严的家庭环境下长大的男孩，往往性格懦弱、没有主见、遇事慌张。家长过度限制男孩的自由，处处指责他，也会影响他自身各方面能力的提高，限制男孩的发展。

“囚禁”男孩的同时，父母也失去了自由。这样教育出来的男孩可能一生循规蹈矩，本本分分，失去了自己的创造力和想象能力，也没有自己的意见和看法，只知道被动地去生活。

有位教育家说，当男孩显露出某方面的天赋时，我们的教育不但不加以引导和启发，反而用纪律的条条框框去归整它，使它符合我们大人的习惯，这是多么悲哀的事情啊。其实我们在用条条框框去束缚男孩行为的同时，也束缚住了男孩的思维，让他们的习惯固定化，使男孩变成一个只会听话而不懂思考的机器，这是万万不能的。

所以，纪律不是限制，这也不许做，那也不许做，让男孩没有主动的权利。有时候纪律的另一个侧面，就是给予男孩适当的鼓励，打破常规，自己去发现。

建议一：帮助男孩认清生活的假象

从心理学上分析，男孩是心理和行为的不成熟个体，家长必须对他们加以正确地指导和培养，在这个过程中如果家长能像朋友一样与男孩一起成长，效果会很好。但是，家庭教育中常见的问题是：父母对男孩寄予厚望，为了达到自己设定的目标，在男孩耳边不停地叮嘱、提醒。这种做法往往收效甚微，甚至适得其反，使男孩产生厌烦情绪，还容易挫伤他们的自信心和自尊心。有些家长眼睛总是盯着男孩的缺点，翻来覆去地只讲缺点，不提进步。

其实，绝大多数男孩已能分辨是非善恶，只是缺少改正缺点的自觉和毅力。如果父母总是喋喋不休地数落男孩的缺点，反反复复地教训男孩，“我讲话你就是不听”“怎么说你才能改呢”，孩子会将此视为不信任，甚至产生逆反心理。这样，别说做知心朋友了，连正常的亲子关系也会被破坏。

建议二：教会男孩管理好自己

人的自制能力在一定程度上取决于他的思想道德修养。而凡是具有远大崇高理想的人绝不会被感情冲动所控制，从而做出不良的行为举动。因此，提高自制力的首要方法是树立良好的思想道德品质以及正确的价值观，保持积极乐观的情绪。

个人的文化素养同其承受能力和自控能力成正比。文化素质高的人往往能够全面正确地看待事物、认识自我和这个世界，自我控制、自我完善能力在较高的水平。所以提高自身文化素养，学习先进的文化知识是必不可少的。

管理好自己，提高自制力最重要的是自知。必须依靠内在动力，没有内在动力，一切仍然是空谈。内在动力，仍然是精神支柱或有理想追求在发挥作用。

让男孩学会包容

现在的很多男孩，大都具有“自我保护”意识，缺少宽容精神。有专家指出，孩子们之所以不会宽容，是因为别人没有给他们宽容的机会，在生活中，也很少有人向他们提出这种要求。在家庭教育的过程中，要培养孩子的宽容品性，父母们应该做到以下几点：

第一，父母要起表率作用，在家庭成员间要做到友爱、宽容。如果你希望自己的孩子学会宽容，你首先应该具有宽容的品质和开阔的心胸。如果父母本人总是无视他人的意见，心胸狭窄，对别人总是要求苛刻，为一点儿小事争执不休，为一点儿小利斤斤计较，习惯于将自己的意志强加于人，不给别人改正的机会，那男孩又怎么能学会宽容呢？

第二，家长要引导男孩学会设身处地为对方着想。家长要让男孩明白一个道理：人人都有缺点和不足，在和同伴相处的过程中，没有太苛刻，只要不是特别过分，就应该对他人予以理解和宽容。家长应该多让男孩和小伙伴交往，其实，宽容之心只有在交往活动中才能培养起来。

第三，让男孩亲近大自然。大自然是一本永远也读不完的最生动的教科书。很多学者都曾经说过，大自然的博大与雄浑可以使人心胸开阔、性格开朗、心情愉悦，进而使人产生宽容之心。因此，家长应该多带男孩亲近大自然，让奔腾的河流、浩瀚的大海、秀丽的湖光山色陶冶男孩的心灵，开阔男孩的视野和胸襟。

第四，让男孩学会从别人的角度考虑问题，并且承认对方有表达自己看法的权利。这样可以了解别人，赢得友谊，而且，会与别人很好地沟通。

第五，家长要鼓励男孩接纳新事物。其实，作为一种处世原则，宽容不仅体现在对“人”的态度上，也体现在对“事”对“物”的态度上。我们这个社会发展变化很快，因此，父母要引导男孩多见识一些新生事物，让男孩喜欢并且乐意接受新生事物，学会知变和应变。

建议一：包容——男孩人际交往中无坚不摧的利器

“海纳百川，有容乃大”，让孩子学会包容，身边才能够充满知心朋友和良师。宽容不仅是待人的准则，也是一种有助于保护心理健康的小习惯。

第一，让男孩学会善待他人。父母应该让孩子明白这样的道理：朋友就是自己的影子，所以善待朋友就是善待自己。对他人多一分理解和包容其实就是在支持和帮助自己。

第二，多给男孩创造机会接触同龄的人，在交往当中取长补短，提高人际交往能力及社会适应能力，养成良好的性格。必要的时候应该让男孩体验一下不被别人谅解的难过，因为如果一个孩子不会谅解别人，就容易养成霸道、蛮横、自私、无情的坏习惯，容易被孤立，今后走入社会就会吃大亏。

总之，宽容是交往和沟通的润滑剂，它会让孩子在宽松的人际环境里成长。心胸开阔的男孩适应能力会更强。

建议二：不要让男孩戴着有色眼镜看人

用有色眼镜看人，就是带着固有的感情色彩，也就是带着成见去认识别人。用有色眼镜看人，会使我们犯下许多错误，从而影响我们正常的人际关系。摘下“有色眼镜”，凭事实说话，对别人做出客观评价，这样才能使我们避免出现“偏见”。

告诉男孩，要克服成见，可从以下三个方面来着手：

第一，在心中评判别人，要有主见，有自己的一套正确的原则和标准，不能人云亦云，更不能只根据外表，随便作判断。

第二，看人要全面，要做全面的分析。苏轼有诗云：“横看成岭侧成峰，远近高低各不同。”只有横向视野而没有纵向视野，或者只有近距离视野而没有远距离视野，都会产生感觉和认识上的偏差，造成与人交往中的导向失误。必须全面观察、考察一个人，才能较准确地予以评价。

第三，多听取别人的意见和看法。要真正认识一个人，仅仅靠自己是不行的，单单靠几个朋友的介绍也是不够的，而是需要广开信息渠道，从“内围”到“外围”，从正面评价到反面意见，进行全方位的信息收集，然后进行认真分析的“精加工”，这样，判断才能比较准确。

第五章

“穷”养不穷志

——饱经挫折和苦难的男孩最有出息

对待男孩需要“狠”一点儿

在我们现在的家庭中，一般情况下男孩和母亲在一起的时间多于和父亲相处的时间，母亲在男孩的早期家庭教育中扮演着很重要的角色。可是有的母亲爱子心切，常常过度地溺爱自己的孩子，往往是男孩主宰着家长的一切。

儿童教育学家和幼教工作者普遍认为：对孩子应当宽严相济。该严的时候严，父母才能在孩子面前树立起应有的威信；该宽的时候宽，孩子才能够不被束缚，收到良好的教育效果。父母应该怎样对男孩进行家庭教育呢？

1.对男孩宽而有度

对于男孩无理的要求，父母要果断拒绝。比如孩子看到其他小朋友的汽车模型很漂亮，非要让父母也给他买一个；吃饭的时候看到自己喜欢吃的东西就拿到自己面前，不给其他人吃；吵着闹着非要在吃饭的时候吃冰激凌。家长只要答应了孩子无理的要求，就必然失去了自己的威信。

2.对男孩严而有度

在父母管教过严的家庭环境下长大的孩子，往往性格懦弱、没有主见、遇事慌张。家长过度限制孩子的自由，处处指责，也会影响他们自身各方面能力的提高，限制孩子的发展。

3.对男孩的严加管教要讲究方法

当孩子做错事情的时候，比如逃学、不交作业、打骂同学，父母千万不要一味地打骂孩子，粗鲁的管教方式往往只能收到适得其反的效果。

4.男孩的人格独立平等

在良好的家庭环境中，家长和孩子的人格应保持平等，父母不应该因孩子年纪小而漠视他在家中的地位。平等是营造良好的家庭氛围的前提。父母、子女任何一方的优越感都会对其他家庭成员造成心理压力，使双方产生心理隔阂。

挫折将男孩变得更强大

挫折是任何人都无法逃避的，一个人从事有目的的活动时，总会遇到障碍和干扰。现在的男孩们吃得好、穿得好、玩得好，从这个角度来说，他们是幸运的。可是他们抵抗挫折的能力较弱，往往在学习和生活中经不起挫折，一旦遭到挫折和不幸，极易悲观失望、自暴自弃。从这方面来讲，当今社会的男孩又是不幸的。

建议一：告诉男孩坦然面对竞争

1.培养男孩正确评价自我的特性

曾子曰："吾日三省吾身。"贤人尚且如此，杰出的领导也是在不断地自我剖析、不断地自我否认、不断地自我肯定中成长起来的。因此家长应该引导男孩在日常生活中正确地认知、正确地认识自己，塑造健康良好的自我形象，接受自我，肯定自我，找出不足，更快地进步。

2.培养男孩灵活的应变处事能力

"君子修德求仁，有道有节"，要求人们要遵守一些道德规范，但是这并不是说只会迂腐地死心塌地遵守各种有关的仁德教条，而是要对虚伪假冒勇于质疑，要懂得因时因势而变，灵活地实现某种理想和目标。家长教育孩子的时候要懂得让孩子从实际出发，把学到的经验运用到生活中，灵活地处理应急事件。

3.培养男孩积极向他人学习的品质

子曰："见贤思齐焉，见不贤而内自省也。"在生活中，有一些人对比自己能力强的人所持的心态是妒忌，而对比自己水平差的人加以鄙视和嘲笑。而那些具有领导才能的人总是会向比自己强的人虚心学习，使自己尽快达到对方的水平；见了有不足的人，则会对照对方来反观自己，看看自己是不是也有这方面不良的现象，有则改之，无则加勉，这才是能够切实提高自己修养的有效途径。

建议二：传统挫折教育中的错误

现在的男孩都是在宠爱中长大的，他们的依赖性强，独立性差。这些“蜜罐里”长大的孩子在享受优越生活的同时，也注定了他们的心理素质脆弱得不堪一击。

不少男孩的家长只是关注男孩的学习成绩，关心他们的生活是否舒适，却唯独忽略了对他们吃苦耐劳和挑战精神的培养，而这些恰恰是他们成长所必需的。在日常生活当中，如何对男孩进行挫折教育呢？可以从以下几个方面着手：

首先，要引导男孩不要害怕挫折，遇到挫折要及时克服。

家长和老师不可能时时跟着男孩，要让男孩用最正确的态度来对待遇到的挫折，让男孩知道挫折并不可怕，引导他们在克服困难的过程中去感受挫折，认识挫折。

其次，帮助男孩创造困难情景，提高男孩的耐挫折能力。

有些家长有心让男孩经历挫折，却收不到良好的效果，原因有二：

第一，家长没有设身处地地为孩子着想，而是把自己的想法强加给男孩。

例如，培训班的高尔夫、网球等课程非常热门，于是家长们就一窝蜂地让孩子报这两门课，其实孩子并不喜欢。每次上课之前家长为男孩准备好一切“装备”兴致勃勃地送他到培训班去，却没有注意到男孩一脸闷闷不乐的样子。

家长希望男孩通过体育运动增强体力与意志力，出发点是好的，但是不能因此就把自己的想法强加到男孩头上。应该让男孩选择去做他喜欢做的事情，因为有心底的热爱，在从事这项运动时受到某种挫折时，孩子才会从心底真正激发起潜在的抗挫折能力。

第二，家长没能及时帮助孩子总结失败原因，使孩子在失败中不能获得教训，总结经验。

学校组织演讲比赛，二十位学生参加比赛，有三位学生获得前三名，另有七名是优秀奖。

子建本来信心满满，结果连优秀奖都没拿到，一直阴沉着脸站在台下。来观摩比赛的爸爸看到这种情况，走到儿子身边对他说："输就输了，不过一次演讲比赛，没什么大不了的。"

挫折教育的意义在于，经由失败总结经验，避免下一次在同样的问题上栽跟头。如果仅仅给予孩子以安慰，不告诉他问题出在哪里、如何防止错误再次发生，那么，下次遇到同样的问题时，他依旧会遭受失败。这样的挫折教育，是没有积极意义的，反而会给男孩心理蒙上阴影。

让男孩学会自我修复，更好地适应社会

父母要让男孩自小接受艰难困苦的磨炼，教会他们敢于面对挫折，不怕失败，以培养他们坚忍不拔的意志和毅力，从逆境中千锤百炼地成长起来，这样的孩子才能更具生存竞争力，这也是父母应为孩子尽到的义务和责任。

让孩子的心理经得起挫败，关键就是要他能"缩小"自己，不要有唯我独尊的意识，在看问题的时候能够从别人的角度来看，那么他就不会轻易被一件小事情打败了。

给男孩进行苦难教育，男孩才能真正强大。如何培养男孩的危机意识呢？可以有以下几种方法：

第一，家长不用担心给孩子的物质条件不够或者觉得自己孩子穿的吃的比不上别的孩子，应当明确告诉孩子：家里条件没他想象得那么好，父母挣钱不容易。如果希望得到更好的东西，那么要通过自己的努力来实现。

第二，在培养孩子危机意识的过程中，不应该一味地批评和限制，当孩子有一些进步时，比如懂得节俭了，父母也应当不失时机地加以表彰和鼓励。

第三，要使孩子的危机意识成为一种思考习惯。在孩子小时候，就告诉他：不努力马上就会有危机。先让他在脑子里形成这种条件反射和好的习惯。当他慢慢长大时，再不断地向他灌输奋斗、进取的意义。

有成就感的男孩往往能够在将来更好地实现自己的人生目标。父母都希望自己的儿子在将来能够出人头地，那么如何培养男孩的成就感呢？可以从下面的几个方面开始：

1.建立起良好的亲子关系

良好的亲子关系是提升孩子成就动机的大前提。孩子敬重和认同父母，这样能够充分发挥家长的影响力，家长正确价值观的建立对孩子的成就感也有着间接的鼓励。

2.丰富孩子健全的情绪体验

脑生理学家指出：支配创造欲望的区域与支配情感的区域，同在大脑“新皮质”的额叶。这正是人与动物本质不同之所在。人有两片额叶，动物没有。只有人才会产生动物远不能比拟的复杂欲望和感情。因此，要发展孩子的成就欲，必须丰富孩子的情绪体验，使他们成为情感丰富、健全的人。

3.要尊重孩子的独立性

孩子在独立做事情的时候会体验到各种情感，这种体验会反过来激发他们做事情的欲望和兴趣。在他们的努力下，事情成功时，心情与在别人帮助或强迫下成功是大不一样的，巨大的喜悦会激起争取取得更大成功的欲望，相反，失败了也会使他们产生出不屈不挠的精神。

4.要创造条件让孩子尽早取得成功

成就感是在一次次取得成功的基础上发展起来的。因此，无论孩子学什么、做什么，都要为之创造条件，耐心引导。切忌冷嘲热讽，伤害孩子。

5.适时地给予正面回馈

适时的鼓励和支持能成为激发孩子成功的动力。回馈可以用具体明确的言语表达，也可选择孩子感兴趣的方式。

6.鼓励孩子涉足新的领域，敢于尝试没有做过的事情

家长习惯于责怪孩子的冒险行为："太危险了！""那可不能去！"禁令和责备对孩子十分有害，使兴趣的萌芽、新奇的体验受到摧残。额叶因得不到足够的刺激而发展不起来，孩子会变成一个缺乏新鲜刺激的人。

7.要帮助孩子不断总结经验教训

事后家长可以帮助孩子想想哪些地方存在不足，如果重新做时应怎样改进会做得更好，使孩子的聪明才智和成就欲得到更好的发挥。

建议一：让男孩学会妥协

妥协，并不是软弱无能。它展示的恰恰是一份平和的心态，

一种超越自我的境界。中国太极拳讲求四两拨千斤的招数，做人也同样如此。一味逞强有时候会为自己平添负累，而在适当的时候选择妥协、认输、放弃则是一种处世的大智慧。

古代文学家李康曾经说过：“木秀于林，风必摧之；堆出于岸，流必湍之；行高于人，众必非之。”生活中若太过锋芒毕露，个性太强，往往会处处受制；若学会从容低调，示弱在先，往往能够趋利避害，在更为宽阔的天地里，一步一步向心中的目标靠近。

建议二：告诉男孩承认错误也是一种勇气

家长在面对男孩的错误时，应该给他们一个“犯错—认识—改正”的机会，以宽大和包容来对待男孩的错误。当然，对于重大的错误，一定要让男孩认识到错误的严重性，并加以改正。重要的是，在纠正这些错误的时候，不能羞辱、嘲弄、打骂男孩，这也是为人父母一定要做到的。因为，对于男孩来说，能够勇敢地承认自己的错误，已经非常值得家长鼓励了。如果一个男孩为了逃避父母的批评而隐瞒自己的错误，那不是违背了我们教育孩子的初衷了吗？

现实中，由于各种原因有时男孩会犯错。作为家长，你是如何对待男孩的错误的，是大声斥责、严厉批评，还是心平气和地引导男孩知错的心理觉醒呢？

当发现男孩说谎时，父母要弄清楚男孩说谎话的原因。一般情况下，男孩说谎是模仿成人行为的结果。此外，还有可能是为了逃避责任、免遭打骂和惩罚。男孩有时是在环境的压迫下才说谎的，而且只有发现说谎可以逃避责任、免遭打骂和惩罚时，才真正有意识说起谎来。

有时候对于男孩的无意说谎，家长不必过于追究，因为随着男孩认识能力的提高，这种现象会慢慢消失。而对于有意说谎的男孩，则要严肃对待。有意说谎通常带有明显的欺骗目的。当他们知道一旦讲出事实真相将要受到惩罚时，就可能用谎言来掩盖事实；或者，当男孩意识到不隐瞒事实将得不到社会承认或家长表扬时，也可能采用说谎的手法。不管怎样，凡是敢于承认错误的男孩都是值得嘉奖的。

针对这一点，家长可以对男孩说："说谎的人会失去别人的信任。"以此来增强男孩的自律意识，使男孩自觉地改变说谎的坏习惯。

如果父母出现了失误，但从不向男孩承认自己的缺点、过失，男孩就会认为"父母总认为自己永远正确，但实际上老是出错"，久而久之，家长在他们的心中威信降低，他们对父母正确的教诲也会置之脑后。父母如果在做错事后总能郑重地向男孩认错、道歉，孩子就会懂得承认错误并不是一件可耻的事，不仅可以提高分辨是非的能力，而且还获得了原谅别人的快乐。

不少父母认为自己是"一家之主"，需要保持自己的"形象"与"威信"，因此不愿意在孩子面前承认自己的缺点和错误。比如：有些父母明明知道自己做错了事，冤枉了孩子，或误导了孩子，还不当回事儿，这就违背了做人的基本原则，也是家庭教育之大忌。次数多了，父母就会在孩子心目中失去威信，更不用说教育孩子了。

比如当孩子"闯祸"后一些父母由于一时冲动，往往会对孩子进行不恰当的、过重的批评或惩罚，事后又往往会后悔。这时，倘若父母能真诚地向孩子道歉，补救自己的“过失”，就能引导孩子更好地发展。

父母应当意识到：当自己向儿子道歉时，就等于在教男孩相信他自己的洞察力。如果父母不停地批评孩子、辱骂孩子，孩子就会形成对世界的负面看法。父母应该让男孩懂得，任何人都会犯错误，但一定要对自己的错误负责。每位家长身上都蕴含着改变孩子命运的神奇力量。当你自己从内疚、自责和愤怒中解脱出来的时候，你也解救了你的孩子；当你终止了旧的家庭模式给你的束缚时，你就等于给自己也给了孩子一份厚礼。他会记住自己的父母是如何勇敢地对待自身的缺点，这种勇气与坦率会鼓励孩子做终生的探索与自我培养，而不至于迷失方向。

第六章

培养刚毅男孩

——重塑男孩的阳刚之气

鼓励男孩多参加锻炼胆魄的运动

人类历史就是一部探险史，无论是早期的开疆扩土、古代的郑和下西洋，还是近代的新大陆发现之旅、当代的南极考察活动，都显示了人类勇敢进取的决心和无畏精神。

到了现代社会，最初由科学考察进行的探险开始发展成为探险爱好者的娱乐项目。郑和、徐霞客、麦哲伦们的身影已经远去，但是攀登世界高峰、走进无人区、深海探测、南极考察等种类繁多的野外探险吸引着许多冒险人士不断加入。

探险这种娱乐项目可以让我们感受到历史的沧桑和自然的瑰丽：雅鲁藏布江大峡谷穿越、探源长江源头、徒步可可西里、罗布泊探秘……无不充满了想象和诱惑！

当家长与男孩进行探险活动时，要注意以下几个问题：

1.要注意天气。了解所要去的区域历年（至少是10年内）此段时间内的天气变化情况。

2.了解同行人是不是志同道合，是否有丰富的相关经验。

3.要量力而行。没达到一定的水平，最好不要轻易登上海拔过高的山峰。

4.对所要去地方的地域情况应该充分了解，并做好应对各种不测的准备。比如，登山时要做好雪崩、滑落等情况的紧急处理。

5.除了要带足常用的药品外，还要有相应的急救药品，要掌握一定的急救方法。

6.不能自发组织，一定要有相关资质单位带队，以保障安全。

7.出发前一定要就近联系好相关救援人员，以防出现不测。

此外，为家长朋友们提供一份探险物品清单作为参考：

背包、帐篷、睡袋、手电筒、毛巾、食品、水、内衣裤、御寒衣物、防风雨衣裤、登山鞋、太阳镜、防风镜、打火机、防潮火柴、瑞士军刀、卫生纸、地图、指南针、GPS（全球定位系统）、海拔表、照相机、望远镜、温度计、纸笔、创可贴、体温计、感冒药、止痛药、消炎药、外伤药、驱虫药、蛇药、现金、信用卡、身份证等。

建议一：让男孩野营——感受自然界的野性美

终日生活在钢筋水泥之中，男孩们无不向往到大自然去释放心绪。自助旅行、跋山涉水、结伴野营，这些他们都会喜欢。

男孩们拥有挑战自身极限的胆量、勇气和欲望，他们喜欢冒险——即使危险超出了想象。他们总是想："总有一天我要征服……"至于为什么，他们却可能找不出答案，甚至以为仅仅是为了寻求快乐。

在美国得克萨斯州，青少年也喜欢在更多的户外教育活动中培养能力，如宿营、长途徒步旅行、定向越野、水上运动等。这些自主的培训，有效地锻炼了他们适应环境的能力、克服困难的能力以及积累生存的经验。

家长可在男孩参加野营时，提供以下建议供其参考：

1.要提前一星期就开始注意该地区的天气情况，由此决定携带哪些衣服和装备。地图、指南针、无线通信设备、水壶等是必备用品。

2.如果想携带帐篷，那就一定要检查好所带的装备，如背包、睡袋等。

3.生活用品应包括油、盐、铝制饭盒、折叠式炉灶、微型手电筒等。

4.一般药品有：抗生素、镇痛药、抗疟疾类药品等。

5.搭帐篷时要选一个平坦的地方。先扫去上面的石块和树枝，再铺上地毯。如果你觉得天气可能会下雨，可以在帐篷四周挖一条小沟以疏导积水。

6.食物可以简单一些，但要充足，并放在容器内，以防止动物偷吃。

7.水净化后再饮用或刷牙。

8.应提前制订紧急计划，以防迷路。

9.要将行程告诉其他人，并约定好在某些时间打电话，如果到时没有打，其他人就会知道你出事了。

10.穿透气、防水的保暖衣物，可以戴上手套、围巾和帽子，以保护手、头部和颈部。

11.随身带上引火之物，如蜡烛等，还可以带一些火柴和火柴皮。

12.如遇暴风雨，不要躲在树下或巨石下。

13.如果不知道如何走回出发地，那就待在原地别动。

14.如果想继续往前走，那就在身后留下痕迹，如拖着一根木棍。天黑时就不要再往前走，因为看不清道路。

15.在背风处的高地找一个休息的地方，如洞穴、空心树洞、岩石等。记住，寒风会降低体温。要了解风向——山谷里白天风向上吹，夜晚风则向下吹。

16.国际求救信号包括三种：呼喊、哨声和烟柱。准备好三堆木柴，如果听到救援人员的声音就点着；也可以用镜子或任何反光板对着飞机发信号。

17.用火问题。出行时要携带一个以上火源，例如，打火机、防水火柴等。有条件最好携带野营气炉、气罐。从环保的角度，如非必须，勿生篝火。在营地生火时要留意营地是否是禁火区，如非生存需要，请勿违规。要注意风向，不要把火堆放在帐篷的上风处，并与帐篷保持一定距离；离开时用水和土石压盖将火彻底熄灭，并检查是否还冒烟。

18.用水问题。可在营区附近的溪瀑、江河、湖塘取水，但最好要取流动之水，要观察其污染情况。提示：缺水地区饮水要按计划分配饮用。除特殊情况外，在找到水源前绝不要把水饮尽；野外取水后，有条件的务必使水煮沸后（煮沸5分钟）再饮用；水中有大量泥沙时要使水沉淀10分钟以上；蚂蟥多的地区水一定要煮沸后饮用；有条件的可以带过滤器和净水药片以替代无法使用加热的情况；如在缺水地区长时间活动，应学习其他野外采水方法。

建议二：鼓励男孩独自旅行——在思考中上路

背起行囊，一个人走入大自然的怀抱，男孩不仅会体验到冒险、乐趣，而且能接受直接的来自大自然的教育，得到惊人的洞察力、广阔的视野。

如果男孩急需平静，远离生活的嘈杂和喧嚣，那么就鼓励男孩一个人背上行囊，奔赴一个安静的犹如红尘之外的地方。中国有很多古镇，江南一带小桥流水的恬适，或者传统徽式建筑的沧桑，或许都能把他带入他想要的心境。这时，乌镇、周庄、婺源、朱家角都是他的选择。乌镇看船，周庄看景，婺源看楼，朱家角看水。立于古老和文明之间，站在一片宁静的土地看喧闹的众生，当别有感触。

家长应告诉男孩，独自旅行时要注意以下几点：

1.周密的旅游计划。即事先要制订时间、路线、膳宿的具体计划和带好导游图（书）、有关地图及车、船时间表及必需的行装。

2.外出旅游要带上一些常用药，做到有备无患。

3.备用应急物品，以轻便、实用为原则。气体打火机（防风火机更好），用于照明、生火煮食；多用小刀；细尼龙绳5～10米，捆绑物品、晾晒衣物、扎营等；小型指南针，在荒野山林失去方向时用；手电筒和哨子，遇险发信号联络用；高锰酸钾一小瓶，既可消毒用，又可作引火燃料；药棉若干，擦洗和包扎伤口用，也可作引火物；丝巾一块，既可防风保暖，又可用于包扎伤口和作止血带；有盖铁皮罐一个，可作为饮具煮食，还可用其盖反射日光发信号。

4.钱要分散放好，如有全国通用银行磁卡最好带上。

5.讲文明礼貌。任何时候、任何场合，对人都要有礼貌，事事谦逊忍让，自觉遵守公共秩序。

6.注意卫生与健康。旅游在外，品尝当地名菜、名点，无疑是一种“饮食文化”的享受，但一定要注意饮食卫生，切忌暴饮暴食。

7.警惕上当受骗。与陌生人“萍水相逢”时，切忌轻易深交，以防上当受骗。

8.爱护文物古迹。旅游者每到一地都应自觉爱护文物古迹和景区的花草树木，不任意在景区、古迹上乱刻乱涂。

9.尊重当地的习俗。我国是一个多民族的国家，许多少数民族有不同的宗教信仰和习俗忌讳。俗话说：“入乡随俗。”在进入少数民族聚居区旅游时，要尊重他们的传统习俗和生活中的禁忌，切不可忽视礼俗或由于行动上的不慎而伤害他们的民族自尊心。

10.注意旅途安全。旅游有时会经过一些危险区域景点，如陡坡密林、悬崖蹊径、急流深洞等，在这些危险区域，要尽量结伴而行，千万不要独自冒险前往。

怎样塑造男孩的阳刚之气

地位、声望、财富、鲜花……这些美好的东西都是给勇于尝试的人准备的。一个被恐惧控制的男孩是无法成功的，因为他不敢尝试新事物，不敢争取自己渴望的东西，自然也就与成功无缘。家长要让男孩明白，面对挫折和失败时，胆怯、逃避是毫无用处的。鲁迅先生曾说："人生的旅途，前途很远，也很暗。然而不要怕，不怕的人的面前才有路。"只有直面恐惧，不怕冒险，才能打破恐惧，走向成功。

建议一：是否"像"男子汉并不重要

真正的男子汉什么样？腹部有厚实的肌肉、腮上布满密密的胡茬的"肌肉男"就是男子汉了吗？这显然是一种肤浅的认识。男孩能否成为一名真正的男子汉并不是仅观其外表，更重要的是他的内在。

一个男孩，如果仅仅拥有粗犷豪迈的外貌，而没有一颗独立、勇敢、自信的心，是不能成为真正的男子汉的。

生活中，不少父母专注于男孩的"面子"问题："头发留短点儿，那么长，一点儿都不爷们儿""小姑娘才穿花衣服呢，男孩子不能挑这么艳的""男孩少玩跳皮筋，那是女孩才玩的"……确实，这样教育出来的男孩个个看起来都很"爷们儿”，可是，男孩们的“里子”未必如父母想的那样阳刚。

在培养孩子自尊和自信方面，家长可以进行以下的尝试：

1.让孩子穿自己的衣服

在孩子的穿着方面，不应让孩子总穿姐姐或哥哥穿过的衣服。即使家境不佳，最好也不要这样做，因为这样可能损害孩子的自尊心。

2.信任你的孩子

为了使孩子能自重，必须信任他们。无论是大人还是小孩，受到别人的信任就能自我尊重。管束孩子不许干这个，不许干那个，不如信任他们、耐心地说服他们更为有效。我们如果把孩子当坏人对待，他就可能成为坏人。

3.不要试图让孩子怕自己

社会上还有这样的父母，为了使孩子容易管教，故意让孩子怕自己，这也会使孩子变成懦夫。这样的父母，会把孩子造就成一个失败者，因为一个怯懦者想在这个社会中获得成功是非常困难的。如果孩子和你顶嘴，你应该感到高兴，因为那意味着他长大了，有了独立思想和反抗意识。

4.不要让孩子常说一些消极的话

不可让孩子说消极的词汇，如“不能做”。常说这句话的孩子绝不会成为有出息的人。为了对孩子灌输进取、勇敢的精神，最好给他们讲述伟大人物善忍耐的故事。

5.不要包办孩子的事情

多数母亲认为孩子这也不能做，那也不能干，一切都包办代替，结果使多数孩子对自己的能力缺乏信心。

6.乐于回答男孩的问题

男孩是有好奇心的，对他们经常提出的许多问题应予以回答。对男孩提出的各种问题进行解答是很费事的，然而，做父母的绝不可拒绝或者逃避男孩的问题。

提问是男孩获取知识的途径，应充分地利用提问向男孩传授知识。若遇到自己也不懂的问题，可以问问别人，也可以经过研究之后再解答。

7.绝对不应欺骗男孩

欺骗男孩，被他们知道了，他们就不会再相信父母了。父母失去了男孩的信任，其后果是不堪设想的。

8.不可戏弄男孩

男孩受到戏弄，就容易变成不知羞耻的人，变得粗暴。社会上由于小时候受到父母的戏弄，以后成为罪犯而入狱者大有人在。

总之，我们应该采取正确的方法来培养男孩的自尊和自信。因为只有自尊和自信的人，才能够正视自己的价值，既不妄自菲薄、自暴自弃，也不随意放任自己。这样的男孩，才是真正的男子汉。

建议二：锻炼男子汉的强健体魄

生命在于运动，运动不但能练就健康的体魄，还是一项有益心灵的活动。因此父母要引导孩子锻炼身体。怎样引导男孩养成运动的习惯呢？要从以下几点做起：

1.制订计划，科学安排

要男孩给自己制订一个锻炼身体的计划，列出锻炼的时间表。要在计划里明确锻炼的目标和内容，规定锻炼的次数和时间，如规定每天早上6点起床做操或跑步，每天下午放学后打球或下棋，等等。在制订计划时要从自己的实际出发，合理安排，循序渐进。

运动量要由小到大，逐渐增加；动作由简单到复杂，由易到难，使自己的身体有个逐渐适应的过程。制订计划时，在考虑到自己的兴趣、特点的基础上，还应坚持各种运动项目的全面锻炼，使自己在力量、速度、灵敏度、耐力等方面都得到提高，使机体各器官系统的形态和生理功能得到均衡和全面的改善。在男孩制订体育锻炼计划时，父母要给予中肯的意见和建议。

2.持之以恒，养成习惯

为了增强身体素质，大概每个人都曾经设想过要好好锻炼身体。但是，“三天打鱼，两天晒网”的锻炼习惯不仅没有使体质得到根本的改变，反而逐渐养成了做事一拖再拖、说话不算数的坏习惯。要获得好的锻炼效果，“三天打鱼，两天晒网”是不行的，必须长期坚持，养成每天锻炼身体的好习惯，才能从锻炼中收到很好的效果。

因此，在男孩有了锻炼身体的计划后，关键是要落实好计划，这就需要做到两点：一是自身要有坚强意志，要有坚持到底的毅力，不要因为学习忙没时间、体育锻炼太苦太累、锻炼成效不大就半途而废；二是可请老师、同学、家长定期或不定期督促自己去落实体育锻炼计划。

3.课外时间，充分利用

室内新鲜空气少，长时间地学习会增加大脑的负担，因此要多到室外活动，如下课时到操场上走走，晚饭后孩子和父母外出散步，假日里到郊外踏青等。周末或者晚上，可以多到户外去锻炼，和爸爸妈妈一起打羽毛球、散步，或者利用小区里的健身器材活动一下，既可以锻炼身体，又增加了和父母沟通的机会。

根据运动专家的研究发现，性格和运动也有很密切的关系。父母要让孩子根据自己的性格选择适合他们自己的运动。

1.孤僻型男孩

这类男孩应少从事个人化的运动，多选择足球、篮球、排球以及接力跑、拔河等团队运动项目。坚持参加这些集体项目的锻炼，能增强自身活力和与人合作精神，逐渐改变孤僻性格。

2.多疑型男孩

可选择乒乓球、网球、羽毛球、跳高、跳远、击剑等体育运动项目。这些项目要求运动者头脑冷静、思维敏捷、判断准确、当机立断，任何多疑、犹豫、动摇都将导致失败。

3.紧张型男孩

这些孩子要克服性格缺陷，应多参加竞争激烈的运动项目，特别是足球、篮球、排球等比赛活动。因为赛场上形势多变，紧张激烈，只有冷静沉着地应对，才能取得优势。若能经常在这种激烈的场合中接受考验，遇事就不会过于紧张，更不会惊慌失措，从而给工作和学习带来好处。

4.胆怯型男孩

有的人天性胆小，动辄害羞脸红，性格腼腆。这些人应多参加游泳、溜冰、拳击、单双杠、跳马、平衡木等活动项目。这些活动要求人们不断地克服胆怯心理，以勇敢、无畏的精神去战胜困难，越过障碍。

5.急躁型男孩

要克服这类人的缺陷可选择下象棋、打太极拳、慢跑、长距离散步、游泳及骑自行车、射击等运动强度不大的活动项目。

另外，下面提到的两个时间段是不宜锻炼的，父母要记得告知孩子：

第一，情绪不好时。人的情绪直接影响人体机能的正常发挥，进而影响心脏、心血管及其他器官。不良的情绪会抵消锻炼带给身体的健康效果，甚至产生负面影响。

第二，进餐后。这时较多的血液流向胃肠道，以帮助食物消化吸收。餐后立即运动会妨碍食物的消化，时间一长会招致疾病；体质较弱的人餐后立即运动会导致血压降低，被称为进餐后低血压；另外，患有肝、胆疾病的人此时锻炼还会加重病情。因此，饭后最好静坐或半卧30～45分钟后再到户外活动。

男孩的成长不可能“零风险”

家长总希望自己的孩子一生能安稳度过，不愿意孩子受一点儿委屈。事实上，有挑战才能有成长，有磨砺才能变坚强，没有“零风险”的成长。

每个男孩都渴望成功，但由于年龄小、能力有限、经历和经验缺乏以及各种因素的影响，难免会遭受失败和挫折。一次小小的失败，对成人来说是微不足道的，对孩子来说却是一个不小的打击。

在我们的生活中，有许多这样的孩子，他们本来拥有聪明的头脑，以前也曾是全班甚至全校的尖子生，但往往因为一次考试不理想或是老师某一句话对他的打击，就变得消沉起来，学习成绩下降、上课精力不集中，甚至是逃学。在这种心态的影响下，这样的孩子就可能变得精神萎靡，消沉慵懒，做事没劲头，完全一副颓废的模样。这种心态如果得不到调整，他的一生就只能是碌碌无为，不敢面对一点儿困难。

是什么原因导致我们的孩子如此脆弱呢？教育专家指出：是家长“规避风险”的教育方针。在这样的环境里，包围他们的是一片表扬、赞叹之声。在这些声音中长大的男孩变得过分要强，他们就像温室里的花朵一样，经不起一点儿风雨。稍遇挫折，便把它看成是拿破仑的滑铁卢，从此一蹶不振，彻底丧失了勇气和信心。

现在父母们面临的最大挑战，就是如何让孩子直面成长过程中的风险因素，孩子即使失败了仍然要去鼓励和支持他。每个家长都希望孩子能获得更多的成功，从中体验竞争和胜利带来的快乐。但是，任何成功都来之不易，需要不断进取和努力，更需要面对挫折和困难。

父母要告诉男孩，失败在人生的道路上很难避免，让男孩在思想上要有准备，如果准备好，失败就会小，即使遇到失败也容易承受，将失败的损失降到最低程度。鼓励男孩勇于承担风险，如果男孩总是躲避风险，就会缺乏自信心，因为躲避风险会使他无法获得真正成功的感觉。应该鼓励他去做以前从未做过的事，在成功中寻找自信。对男孩的尝试要多加赞扬。

建议一：冒险是一种深层的立体思维

家长们往往不赞同男孩冒险，认为冒险会给男孩带来意外的伤害。对于家长而言，没有什么是比看到心爱的孩子受伤害更难过的事情了。对于冒险的问题，家长没必要看得如此悲观。冒险是一种深层的体验，它能给孩子带来的不仅仅是伤害。

冒险可以给男孩带来一些全新的体验，一些男孩所未知的领域的体验，可以说，冒险的体验正是男孩生活中进步和快乐的本源，因此对于未知的事物完全不必心怀恐惧，也不必费心做那种无谓的尝试，试图把生活中的方方面面都规划好。如果家长想让男孩的生活丰富多彩，那么就应鼓励孩子勇于冒险，让他的生活多一些意外，多一些弹性。

事实上，无论是男孩的学习，还是他的生活，如果总是重复同一个内容，他又怎么能有新的收获呢？父母应该清楚，生活并不是可以预先设计的，所以对于不可预知的未来，我们没有必要担心惧怕，我们应该具有敢为人先的冒险精神，打破规矩，突破闭锁，去体验冒险带来的快乐。

男孩整日躲在挡风挡雨的温室里，很难尝到冒险的滋味。冒险可以培养青少年的勇气、适应能力、解决问题的能力，而且还可以收获许多在温室里学不到的东西，冒险是男孩应该选择的活动。

建议二：只要去做，没有不可能——这句话要经常对男孩提醒

现实是此岸，理想是彼岸，中间隔着湍急的河流，行动则是架在河上的桥梁。只有行动才出现结果，行动创造了成功。任何一个伟大的计划和目标，都要靠行动来实现。

对于一个踌躇满志、梦想成就一番事业的男孩而言，只要做了，几乎一切皆有可能。但是事实是，很多男孩都有拖延这种也许是最具破坏性、也是最危险的恶习。拖延会使男孩丧失进取心，一旦开始遇事拖拉，他就很容易再次拖延，直到变成一种根深蒂固的恶习。可悲的是，拖延的恶习也有累积性。唯一的解决办法，很明显的，正是行动。当男孩真的放手去做时会惊讶地发现，他正迅速改变自己和自身的状况。正如英国首相及小说家本杰明·迪斯雷利（1804～1881）所说：行动未必总能带来幸福，但没有行动一定没有幸福。

家长需要指导男孩明白这样的道理：成功者从来不拖延，也不会等到“有朝一日”再去行动，而是今天就动手去干。他们忙忙碌碌尽其所能干了一天之后，第二天又接着去干，不断地努力、失败，直至成功。

失败者总会愤愤不平地说“人家如何如何凭运气，赶上了好光景、好地方”。他们不采取行动，总是等待着“有一天”他们会走运。他们把成功看作降临在“幸运儿”头上的偶然事情。失败者认为成功者的命运是一帆风顺的，而自己的命运则全是倒霉。所以，既然幸运女神不肯照顾自己，他们除了怨天尤人外，还能做什么呢？

家长应告诫男孩，千万不能有这种思想。告诉他，当他有了梦想，有了创意时，就立即勇敢地去行动，趁早积累成功的资本。

培养冲劲儿十足的小伙子

生命需要热忱，没有热忱的人，就好像没有发条的手表一样缺乏动力。一位教授说过："成功、效率和能力的一项绝对必要条件就是热忱。在希腊语中热忱就是'神在你心中'的意思，一个缺乏热忱的人别想赢得任何胜利。"男孩要想超越自己，取得成功，就得有点儿"疯劲"。

想要让男孩对人生目标产生热忱，应该让男孩每天都将思想集中在这个目标上，如此日复一日，孩子就会对目标产生高度的热忱，并且愿为它奉献。记住詹姆士的一句话："情绪未必会受理性的控制，但是必然会受到行动的控制。"积极心态和积极行动可升高热忱的程度，家长应该为男孩的热忱订立一个值得追求的目标：一旦你将你的热忱导向成功的方向时，它便会使你朝着目标前进。

真正的热忱是发自于内心的热忱。发掘热忱就好像是从井中取水一样，我们必须操作抽水机才能使水流出来，接着水便会不断地自动流出。我们应该对于所知道或所做的任何事情都付出热忱，它是积极心态的一种象征，会自然地从思想、感情和情绪中发展出来，更重要的是我们可随心所欲地从内心唤出热忱。

热忱对男孩潜意识的激励程度和积极心态的激励程度是一样的。当男孩的意识中充满热忱时，他的潜意识也同时烙印着一个成功的形象，即他的强烈欲望和他为达到该欲望所拟订的计划是坚定不移的。当他对热忱的意识变得模糊时，他的潜意识中仍然留存着对成功的丰富想象，并会再次点燃残存在意识中的热忱火花。

热忱会带来许多好处：

（1）增加你思考和想象的强烈程度。

（2）使你获得令人愉悦和具有说服力的说话语气。

（3）使你的工作不再那么辛苦。

（4）使你拥有更吸引人的个性。

（5）使你获得自信。

（6）强化你的身心健康。

（7）建立你的个人进取心。

（8）更容易克服身心疲劳。

（9）使他人感染你的热忱。

因此，家长应该帮助男孩积极培养热忱的心态，让男孩掌握以下方法：

（1）订立一个明确目标。

（2）清楚地写下你的目标、达到目标的计划，以及为了达到目标你需要做到的。

（3）用强烈欲望作为达到目标的后盾，使欲望变得狂热，让它成为你脑子中最重要的一件事。

（4）立即执行你的计划。

（5）正确而且坚定地按照计划去做。

（6）如果你遭遇到失败，应再仔细地研究一下计划，必要时应加以修改，不要因为失败就变更计划。

（7）与你求助的人结成智囊团。

（8）断绝使你失去愉悦心情以及对你采取反对态度者的关系，务必使自己保持乐观。

（9）切勿在过完一天之后才发现一无所获。你应将热忱培养成一种习惯，而习惯需要不断地补给。

（10）保持着无论多么遥远，你必将达到既定目标的态度并以此来推销自己，自我暗示是培养热忱的有力力量。

（11）随时保持积极心态。在充满恐惧、嫉妒、贪婪、怀疑、报复、仇恨、无耐性和拖延的世界里不可能出现热忱，它需要积极的思想和行动。

男孩是自己人生的设计师，没有人可以保证他的将来，更没有人能保证他的生命。被别人保证，并且照着别人的保证去做的人，他的生命注定只能平淡无奇、碌碌无为。只有对自己的生命充满激情和幻想的男孩，才会不断地超越自己，达到一个又一个高峰，人生也因此而绚丽多彩、跌宕多姿。

建议一：敢想——别给男孩制定太多规矩

“我小时候家里穷，没钱给我学音乐，现在我有钱了，一定要让孩子去学。”

“我那会儿没有机会上大学，以后一定要让孩子上。”

“我以前特别想当个舞蹈家，以后一定要让孩子实现我的心愿。”

你是不是常常会这样想？其实父母有这样的想法并不奇怪，毕竟儿子是我们的心血，承载了太多的期盼，所以我们总是想把最好的东西给他们，甚至我们自己的愿望。但是人各有各的兴趣与喜爱，不能勉强，也不应勉强。

有一位父亲，自己是某重点高中的校长，但他看到自己的儿子不喜欢学习，学习成绩老上不去时，就主动跟儿子商量："儿子啊，看来你得好好想想，看看自己将来究竟适合做什么样的工作。"就这样，儿子最终选择读职高，毕业后做了会计，现在他成了行业内小有名气的财会能手，生活得很快乐。

虽然在父母眼里男孩还很小，但是其实他们已经长大了，他们知道自己的兴趣、爱好是什么，也有自己的想法。

男孩的选择不一定正确，或者虽然正确但不一定现实，不管属于何种情况，父母都不能横加干涉。家长的责任在于恰当地引导，让男孩正确认识社会的需要和自己的社会责任，鼓励男孩作出富有理想、富有事业心的选择，放弃不切实际的选择。

让男孩做他喜欢的事情，而不是做你喜欢的事情。每个人的路都只能是自己去走，谁也代替不了，父母也不例外。

所以作为家长，我们应该注意以下这几点：

首先，不要把自己的喜好强加于男孩的身上，男孩不是你的私有财产，他们有自己的思想，他知道真正适合自己的是什么，他们完全能够明确自己将来的方向。例如男孩如果对医学感兴趣，就不要逼迫他学文学；男孩如果以后想成为实践性强的技术人才，就不要非让他埋头苦读学习书本知识，让他来完成你的大学梦。

其次，每个男孩身上都具有巨大的潜能，当男孩按照自己的意愿尝试着干一件事时，会尽力去做好，做成功。男孩在自主奋斗的过程中，才华和潜能也得到了淋漓尽致的发挥。每一个男孩都能成功，关键在于帮助男孩找到自己的最佳才能区。只有找到了自己的最佳才能区，男孩才能发挥最大潜能。即使在平凡的服务行业中照样能培养出身手不凡的能工巧匠，如饮食行业中的名厨、美容美发中的名师、服装行业中高级服装设计师等，他们也并不一定都出自名牌大学，往往都是自学成才。他们都以自身成才的成长经历表明：求学的道路越来越多，条条大路通罗马。

最后，给男孩适度的空间，不要用自己的喜好来扼杀男孩的新思想。男孩兴趣的萌发，开始往往只是一种不太明显的想法，这个时候如果家长不加以引导培养反而阻挠男孩朝着自己喜爱的方向去发展，往往更容易扼杀男孩的思想。

建议二：敢说——男孩子有话就大声说

“教了多少遍了，还是不会，真笨！”

“过来，这是李阿姨，快向阿姨问好。”妈妈跟儿子说，儿子一直怯生生地扯着母亲衣角，躲在母亲背后不肯出来。

“为什么别人都能回答出来问题，就你连话都不敢说？！你说是怎么回事？！”爸爸质问的声音极大，儿子的泪涌了出来。家长无奈。

生活中，类似的情况有很多。有些男孩面对老师、面对爱慕的人、上台演讲前、面试时、比赛前、照相等，常常感觉紧张、脸红、心跳、发抖，学习或工作中总是惴惴不安，神经绷得如一张满弓，唯恐出了差错……

专家指出，不敢在别人面前大胆说话的原因主要有两种：

第一种，不想露丑。这些孩子的想法是，只要我不在他人面前暴露自己的短处，别人也就不会知道我的缺点。而一旦在众人面前说话，自己的粗浅根底、拙劣看法都会暴露出来，那么从此以后，哪还有自己的立足之地？所以，不说话更稳妥。

第二种，不知道该如何组织说话的内容，就像被硬拉到一个陌生的世界一样，所以会感到惊惶。

有的男孩是因为先天原因。有些人生来性格内向，气质属于黏液质、抑郁质类型，他们说话低声细语，见到生人就脸红，甚至常怀有一种胆怯的心理，举手投足、问路打招呼也思前想后。

还有一些教育不当的因素。有些家长对儿童的胆小不加引导，男孩见到生人或到了陌生的地方，便习惯性地害羞、躲避，没有自信心。儿童进入青春期后，自我意识逐渐加强，敏感于别人对自己的评价，希望自己有一个“光辉形象”留在别人的心目中，为此，他们对自己的一言一行非常重视，唯恐有差错。这种心理状态导致了他们在交往中生怕被人耻笑，因此表现得不自然、心跳、腼腆。久而久之，便羞于与人接触，羞于在公开场合讲话。对此，应给予正确指导，鼓励男孩大胆、真实、自然地表现自己。

恐惧或忧虑会阻碍男孩们说话的尝试。有时保持安静较容易，退缩在“壳”里可以掩饰自己的软弱。

“我总是不敢在人面前讲话、发言，那会使我心跳加快，脑中一片空白……”有的孩子坦然地承认自己说话的胆怯，而且对此颇为苦恼。

心理学家们通过研究发现，人或多或少在说话方面有些不健康的心理，而紧张和恐惧便是这些不健康心理的突出表现形式，是影响人们进行正常说话和语言交流的明显障碍。

可以毫不夸张地说，人人都可能在说话前后或说话过程中出现紧张、恐惧心理：性格内向、沉默寡言者如此；天性活泼、思想活跃者如此；即便演说专家、能言善辩者也不例外。而恐惧是后天的反应。两岁大的男孩在过马路时不会懂得害怕，直到有人猛地把他拽回来，警告他过马路有多么危险。同样，当男孩第一次看见同学站起来背诵诗歌，发现他突然梗住了，变得慌张窘迫，以致全班发出阵阵的窃笑时，男孩懂得了当众讲话时害怕。既然紧张害怕是后天形成的，那么它也是可以被忘却的，或者至少是可以被控制的。

家庭是练习说话的第一个场所。当男孩在家里的时候，我们可以鼓励男孩给自己讲一个寓言故事。如果男孩不能讲清楚，就让男孩去找一本儿童文学看看，再来训练。这样男孩便会渐渐了解语言，懂得如何并敢于与人们交谈了。另外，鼓励男孩平时就一些小问题与你交流。鼓励广结良友，与朋友频繁往来，是练习口才的又一途径。无疑，我们每个人都多少会有一些朋友，这些朋友可能来自不同的地方，处于不同的年龄，属于不同的阶层，从事不同的工作，因而与他们相处时会遇到各种不同的问题。当男孩拥有的朋友、了解的谈话内容渐渐地增多起来，他说话的胆量也会渐渐大起来。

第七章

该放手时就放手

——要懂得给男孩自立的机会

不要做“全能”父母，要学会适当“懒”一下

有的父母心疼孩子，认为现在的孩子都这样，就由着孩子的性子来，什么家务都不让他们做，久而久之，男孩就养成了懒惰的习惯。哪一位家长不希望自己的孩子以后有出息，能够成就一番事业呢？而懒惰是成功的克星。要知道天下没有免费的午餐，要想收获美好的果实，就必须用自己辛勤的劳动来换取。

曾经有心理学家研究表明，从小勤劳爱动手的孩子大脑发育要比同龄的孩子健全一些，因为在人的大脑中，一些富有创造性的区域只有在劳动中才能够被开发出来。一定量的劳动不但可以给孩子带来一个强健的身体，还可以锻炼孩子的意志，让孩子养成吃苦耐劳的精神。而且从小喜爱劳动的孩子，长大后一般都很能干，生活也很美满充实。所以，孩子的勤劳特性并不是可有可

无的，父母应该从小就注意对孩子进行培养。而很多取得成就的名人，他们的成绩的取得与父母小时候对他们的勤奋教育是分不开的。

作为父母，如果想教育男孩从小养成勤劳的好习惯，可以注意以下几个方面：

1.教导男孩有一种积极的劳动态度

俗话说态度决定一切，要孩子养成良好的动手习惯，就先从改变他们对劳动的态度开始吧。你可以选择对孩子进行言传身教，多给他讲一些勤劳的故事，给孩子营造一种勤劳的家庭氛围，让他从意识上觉得劳动最光荣。只要养成孩子热爱劳动的习惯，燃起他们认真劳动的热情，就能使孩子养成勤劳的习惯。

2.放手让男孩去做

孩子小的时候就让他自己吃饭，自己学着穿衣服。等孩子长大点儿后，家长做家务的时候给孩子分配一点儿任务，比如你拖地板就让孩子来扫地，你做饭就让孩子给你择择菜，平常也多叫孩子帮你的忙，打酱油、拿报纸、去超市买东西、晾衣服等都可以让孩子去做。习惯成自然，当孩子把勤奋当成一种习惯后，不知不觉就会把它融入自己的生活中去了。

3.不要无条件地给予

不要孩子要什么就给予什么，当孩子想获得一样东西的时候，可以让他拿自己的劳动来换，比如想要多一点儿的零花钱，可以让他洗一个星期的碗，自己挣；想额外买一套明星的签名照，就要坚持扫一个月的地，让孩子学会珍惜大人的劳动成果，也让他知道劳动的可贵：美好的生活要靠勤劳获取，只有脚踏实地，靠自己的双手辛勤劳动，才能够让自己过上高质量的生活。

相信每个男孩都有自己的理想，但是如果空有理想不付诸实践，恐怕就成了“空想”，最终只能成为心中的一个梦。所以，父母如果想要自己的男孩将来有出息，一定要在他们小的时候培养他们的实干精神。

父母在教育孩子要有实干精神的时候，应该注意以下几点：

1.从父母的做法开始

有时候男孩想做一件事情，父母会因为害怕孩子做不好或是伤害到自己而不让他们去做，这实际上就让孩子养成了一种惰性，以后就算有了什么好的想法也会耽于懒惰了。父母也要以身作则，给孩子树立良好的榜样，营造一种积极的氛围。

2.父母要适当督促男孩

男孩有时候树立了理想，却又不知道从哪里下手，父母可以督促他把自己的理想写下来，每天去实现一点，然后持之以恒坚持下去。

3.想到就去做，培养男孩雷厉风行的性格

让男孩想到什么就马上去做。比如孩子起床的闹钟响了，就让孩子马上起来，不要磨蹭；吃饭的时间到了，孩子还在看电视，就让他马上把电视关了去吃饭，千万不能孩子说“我等一会儿再来吃”，就随他的便。

4.给男孩一些适当的训练

父母可以交代男孩去做一件事情，到了规定的时间就去检查孩子的完成情况，让孩子养成一种迅速完成任务的好习惯。

5.让男孩明白只说不干的坏处

治标先治本，想要杜绝男孩空想的习惯，就要告诉他这样做的坏处，或者给他一次教训。你可以当他赖床不准时起来的时候，只叫他一次。如果迟到了，下次他听到闹铃就会马上起来了。

建议一：这些事情，让男孩自己做

儿童心理学家告诉我们，孩子逐渐长大，其自主意识会随之增长。两三岁的孩子，在大人帮他穿鞋时，他会说“我自己穿”；喂他吃饭时，他会说“我自己吃”；帮他搬小凳子时，他会说“我自己来”。这种时候，家长不可随意打击他们跃跃欲试的兴致、剥夺他们提高学习生活能力的机会，而是应当帮助他们在学会独立生活的同时，增强他们的自我打理生活的意识。因为生活质量的好坏全凭自己打理，你最多只能送他你人生的经验。

具体说来，父母可以从以下几个方面来做：

1.告诉男孩：自己的事情自己做

让男孩学会自己动手，不要取代他们自己动手的能力。孩子初次做事也许做不好，如他洗的衣服不太干净，你可以背着他再洗一遍，但不能说“你洗不干净，让我来帮你”，让他失去做事的积极性。在最初的日子里，孩子需要指导和帮助。告诉他怎样做好这些事，但千万不要一见孩子做不好，就自己代替他去完成，你不可能跟随孩子一辈子。在这方面家长应该向清代画家郑板桥学习。郑板桥老年得子，却并不溺爱，而是力促他自立，要求他：“淌自己的汗，吃自己的饭，自己的事自己干。靠天靠人靠祖宗，不算是好汉。”

2.让男孩学会自我保护

随着男孩年龄的增长，要教给孩子一些基本的生活经验和智慧，并让他自己在生活中获得成长。比如，教会孩子学会自我保护，为防止上当受骗，从小告诉他们不要贪小便宜，不要接受陌生人给的东西，不要跟陌生人走。让孩子懂得遇事不可慌张，不要冲动，要冷静，要理智；有困难可以找警察叔叔，并让孩子牢牢记住“110”“119”等报警号码。

3.让男孩学会独立思考

多给男孩自己思考的机会，没有什么事情比拥有自己的思想更有用，就像伟大的物理学家爱因斯坦说的：“学会独立思考和独立判断比获得知识更重要。”多培养孩子自己思考问题的习惯，爱动脑筋有百利而无一害。你可以让孩子自己思考将来想成为什么样的人，以及应该怎样去实现自己的目标。在当今的社会里，家长应该提供给后代的是“工具箱”，而不是万贯家产。

4.让男孩自己安排时间

培养男孩珍惜时间、科学安排时间、充分利用时间的好习惯，就要先给男孩自己安排时间的机会。可以让他自己制作时间表，合理安排，一项项实行，而你可以充当监督员。

5.让男孩学会自我管理

父母不要对儿子的事情样样过问，要引导鼓励他们自己规划管理自己的事情，比如今天穿什么样的衣服，自己的课外书应该放在什么地方，星期天的时间怎么安排，什么时候应该把作业给父母检查等。告诉孩子不要什么事情都依赖大人。摆脱一分依赖，男孩就多了一分自主，也就向自由的生活前进了一步，向成功的目标迈近了一步。

真正疼爱儿子的父母关注的应该是男孩将来是否能够应对社会。如果父母懂得让自主的灵魂贯彻于男孩的成长过程，那你的儿子将来一定能够独立地应对来自社会的挑战。

习惯了帮助男孩做一切的父母，可以先从以下的几个方面入手，慢慢地把男孩自己分内该做好的事“还给他”：

1.男孩能够做的事绝不包办，培养男孩生活自理的能力。

男孩还小的时候，就可以教会男孩自己吃饭、穿衣服、洗脸。稍大一点儿以后，可以教孩子自己去上学、自己去买东西，刚开始也许他做不好，但是只有给他练习的机会，他才有会的可能。

2.男孩不会做的事学着去做，帮助男孩养成为家服务的习惯。

不要因为男孩不会就代替他们去干，可以教孩子做一些力所能及的家务。

3.男孩碰到困难时不急于帮忙，试着让他独立解决问题。

碰到困难是好事，这是锻炼他们自己解决问题的好时机。让男孩自己去想解决的方法，适当受点儿委屈并没有什么不好，要知道你不可能跟孩子一辈子。

建议二：让男孩学会自己支配自己的生活

有不少家长为了教育出优秀的孩子，倾其心血为他们报各种各样的辅导班，可是孩子们好像是越学越呆了。这究竟是什么原因呢？很有可能是因为他们有一样重要的东西没有学，那就是不知道如何自主把握和支配自己的生活。

至于如何培养孩子独立支配自己生活的能力？建议家长从以下几个方面着手。

第一，培养孩子“自己想办法”的习惯。从小让孩子自己去解决自己的事情，从小让他们懂得，任何人都别想推卸责任来让别人替他们收拾残局。当孩子遇到困难的时候，不要想什么都帮孩子去做，而是鼓励他们自己想想办法，或者帮助孩子分析应该怎样解决，促使他找到正确的道路。

第二，让孩子成为自己的主人，决定自己的将来。在某件事情上，虽然家长很确定将来应该如何去做，但是也应该给孩子一个机会，让他学着自己独立来判断。因为他从自己错误中学习到的经验一定比你正确的教导要多得多。

第三，培养孩子自己对自己事情负责的态度。如果家长习惯了任何事情都帮孩子安排得面面俱到，结果很可能会导致孩子做事不负责任的后果。而且父母的过度包办，也会让孩子变得没有礼貌，不懂得珍惜。

第四，要信任孩子可以做好。在有些时候，信任比惩罚更能够激起孩子的责任心。童欣在微软研究院中以严肃负责而著名。他回忆起自己小的时候有一次犯了错误，妈妈没有一句责备，而是看着他惊恐的眼睛，温和地说：“这件事已经过去了，你过去是个好孩子，以后还会是一个好孩子。”童欣说：“那个晚上，妈妈给了我最好的礼物，让我终生受用不尽。”

第五，建立“共同规定”。对孩子不要给太多的规定，如果家长实在有顾虑，可以用“共同规定”和孩子约法三章。例如孩子玩电脑，我们不要说“不准玩”，而是告诉他“成绩够好才可以玩”。把每一个否定变成了机会，就把自主权从家长身上转移到了孩子身上。这样不但能培养孩子的独立能力，并且会促使他更加上进。

妈妈放手，儿子才能长大

其实，男孩从小就有独立的愿望，两三岁的孩子常常会对母亲说：“我也能干。”上了学的孩子常常希望有更多的独立做事的权利。有的时候，正是因为妈妈太能干了，把本该男孩自己独立做的事情也都一手包办了。

男孩要经历自己独自处事才能长大成人，如果妈妈总是不给男孩机会，他又怎么能有成长的余地呢？这样被妈妈“一手包办”长大的男孩，将来肯定是懒惰与无能的，注定会给家长带来悲哀和失望。

要想把自己的男孩培养成为适应未来社会的男子汉，当妈妈的可以表现得不那么强势，给男孩提供显示本领的机会。母亲的过于能干、刚强，会让男孩失掉施展才华的天地，其能力慢慢地被弱化。

事实确实如此，如果妈妈把男孩当成一个男子汉来培养，他会慢慢变成令妈妈满意的男子汉。如果妈妈总是把男孩当作一个小孩子，即便他已经长到了十几岁甚至是二十几岁，他在心里也会永远把自己看作是一个小孩子。

建议一：妈妈要引导男孩独立思考

独立思考的能力是一个男孩走向成功最重要的品质，也是成功人士的必备素质。西方国家教育不赞成对孩子进行墨守成规式的灌输，而是要求家长针对孩子日常碰到的一些问题帮助他思考，启发他通过思考了解周围复杂的世界。

毫无疑问，成大事者都是独立思考、具有创造性的人。为什么？独立思考可以引导成功：一个具有独立思考能力的人，一个具有创造性的人，也定会是个成功的人。有志成功的人，应该有着独立思考的习惯；尤其是要成大事的人，只有养成了独立思考的习惯，才能在艰辛的事业之路上独创天下。

建议二：不要快速回答男孩的问题

父母可以陪孩子发现问题、探讨问题，但是应由孩子自己解答问题，因为答案是什么不重要，重要的是，让孩子练习独立思考、判断的能力，他才能享受发现事理的喜悦。

目前在家庭教育中，一些父母在无意中扼杀了孩子可贵的好奇心，这会直接影响到一个人创造性的形成。

保持孩子好奇心的诀窍是大人要有童心，要会换位思考。大人对孩子的好奇心不能理解，甚至不耐烦，是因为孩子问的问题，大人早就知道了，站在大人的角度，没什么可问的。正如作家桑姆·金丽所说："我们的眼睛变得只盯着追求的目标，以至于对眼前的玫瑰花也不惊奇。"因此首先要解决的问题是尊重孩子的好奇心，允许他提问。其次，不要敷衍孩子，要给孩子的提问以满意的回答，如果自己不懂，就带孩子一起去找答案。另外，家长要学会说这样一句话："我真喜欢你提问题。"有时对孩子的提问，还可以不马上提供答案，而是进一步提出一个疑问和悬念，激起他更强烈的好奇心。

自立的男孩方可驾驭人生

有一个美国小男孩，父母在生活上对他要求很严，平时很少给他零花钱。8岁的时候，有一天他想去看电影，身上却无分文。是向爸妈要钱还是自己挣钱？他第一次开始思考这样的问题。最后，他选择了后者。他自己调制了一种汽水，把它放在街边，向过路的行人出售。可那时正是冬天，没有人购买，最后只等到两个顾客——他的爸爸和妈妈。

他依旧不停地寻找机会。一天吃早饭时，父亲让他去取报纸——送报员总是把报纸从花园篱笆中一个特制的管子里塞进来。想看报纸时必须到房子的入口处去取，需要走二三十步路，是非常麻烦的事情。当他为父亲取回报纸的时候，一个主意诞生了，当天他就挨个按响邻居的门铃，对他们说，每个月只需付给他1美元，他就每天早晨把报纸塞到他们的房门下面。大多数人都同意了，这个小男孩很快就有了70多个顾客，成了一个名副其实的小报童。一个月后，他第一次赚到了一大笔钱，那时候，他觉得简直是飞上了天。

但他并没有满足现状。经过一段时间的思考，他决定让他的顾客每天把垃圾袋放在门前，然后由他早晨送报时顺便运到垃圾桶里——每个月另加1美元。他的客户们很赞赏这个点子，于是他的月收入增加了一倍。后来他还为别人喂宠物、看房子、给植物浇水，他的月收入随之直线上升。

一年后，他开始学习使用父亲的电脑。他学着写广告，而且开始把小孩子能够挣钱的方法全部写下来。因为他不断有新的主意，有了新主意就马上实施，所以很快他就有了丰厚的积蓄。他母亲帮他记账，好让他知道什么时候该向谁收钱。后来，他雇佣别的孩子帮忙，然后把收入的一半付给他们。

一个出版商注意到了他，并说服他写了一本书，书名叫《儿童挣钱的250个主意》。因此，他在12岁时，就成了一名畅销书作家。后来电视台邀请他参加许多儿童谈话节目，他在电视里表现得非常自然，受到许多观众的喜爱。到15岁的时候，他有了自己的谈话节目。

17岁时，他已经成了百万富翁。

建议一：不要让男孩心存依赖

依赖心理是青少年在日常生活中较为常见的一种心理表现，主要表现在自立、自信、自主方面发展不成熟，过分地依赖他人，经常需要他人的帮助和指导，遇事往往犹豫不决、缺乏自信，很难单独进行自己的计划或做自己的事，总是依赖他人为自己做出决策或指出方向。

依赖心理是一种消极的心理状态，会影响青少年的健康成长，不利于我们人格的完善和发展。如果男孩的依赖性比较强，那么从现在起，就试着去克服一下这个弱点，成长为一个独立的男子汉。

建议二：男孩，即使摔得头破血流，也要站起来继续走

在生活上要学会独立。男孩现在正处于读书阶段，还没有能力出去工作赚钱，但男孩最基本的独立本领就是能够自理。比如，学会洗衣服、整理房间，学会管理好自己的零花钱，自己的事情自己做，不在生活细节上过多求助于父母。

在学习上要学会独立。很多男孩并不把学习看成是自己的事，经常要父母监督着、责备着来学习。殊不知学习最重要的还是靠自己。常言道："师傅领进门，修行在个人。"父母、老师给我们指明方向，指出学习方法，他们也不可能一辈子伴随着我们走，进一步地学习、钻研就要靠自己了。学会独立思考、积极钻研书本中的难题、自主解决学习中遇到的问题，是每个少年应该做到的。

人生的道路总是曲曲折折、丰富多彩。男孩只有学会自立，拥有自己出来闯荡一番的胆量，才能攀登上这多姿世界的顶峰，看见山那边的海！

告诉男孩永远做独立的自己

他13岁时，被父亲送到美国加州读书，父亲希望他与同在美国读书的哥哥有个照应。但他到了美国后不但与兄长很少来往，还故意不用父亲在银行为他存的生活费，而是自己打工赚钱。他在麦当劳卖过汉堡，在高尔夫球场做过球童。由于当球童要背高尔夫球棒，他的肩膀被弄伤了，直至现在，伤患还会时常发作。尽管他在美国生活拮据，还是用自己赚来的辛苦钱资助经济更困难的同学，这令大洋彼岸的父亲感到欣慰。

他毕业后，没有直接回到父亲创办的公司，而是固执地前往加拿大一家投资顾问公司工作，成为该公司最年轻的执行董事。他还一声不响地把当年父亲为他在银行账户里存的所有钱连同利息还给了父亲。1990年他在父亲的苦劝下，勉强答应留在香港为父亲打理家族产业。

1994年，一直不安于在父亲庇护下生活的他做出了一个大胆的决定：凭借出售卫星电视积累下的4亿美元，他成立了一家高科技公司。自此，他正式与家族事业分道扬镳。后来他承认，当年他选择独立门户时，父亲曾极力挽留他，但被他拒绝。他誓言自己要在事业上超过父亲。

他就是美国《财富》杂志“全球青年富豪榜”名列第十的香港电讯盈科拓展集团主席李泽楷，而他的父亲则是华人首富李嘉诚。“不靠别人，永远做独立的自己！”李泽楷在接受采访时这样说，“没有这个信条，就没有今天的电讯盈科。”

男孩只有自强自立起来，不依靠他人的援助，才可踏上成功之路。如果你现在依然蜷缩在温室的角落里，依靠他人的力量来生活，不如勇敢地站起来，靠自己的双脚走出门外，当你抛弃保护伞、决定自立的时候，就会发挥出过去从未意识到的力量。

建议一：不管对与错，教男孩对事情做出自己的判断

让男孩知道，只要尽力而为，做出比较合适的决定就可以了，不一定要十全十美。如果强调可以随意做决定，可犯错误，男孩就会随随便便地做决定。该让他知道草率做决定的后果，

从而不断学习，不断提高判断能力。如果小孩坚持穿短裤去操场玩，结果不小心磕伤了腿，你不应说，“瞧，我叫你穿裤子你不听，对吗”，而应说，“你想一想，如果我们下次再来操场玩，我们怎么保护好自己呢”。随着男孩长大，经验增多，他做决定的能力与技巧就会渐渐提高。

建议二：告诉男孩找到自己的专属天空

也许我们先天的力量很弱小，但这并不能成为逃避困难和放弃实现自身价值的借口。在生活中，你可能会因为一两次数学考试失误，而被老师定义为学不好数学的人；或许你一直渴望成为一个演员，却因为长得不够漂亮而不敢实现这个梦想。其实你没有别人口中所说的那么差劲，梦想也没有想象中的那么遥远。每一个男孩都应该成为自己的拯救者，勇敢地走自己的路，努力实现自己的人生价值。

第八章

告诉男孩这样学最有效

——引导男孩快乐学习

苦学不如爱学

很多家长为孩子学习成绩不佳而头痛，为了解决这个问题，家长们不惜投入大量的时间和精力送孩子去上各种补习班，可惜效果往往并不好。有些家长甚至怀疑是不是自己的孩子智力比别的孩子低？对此家长们大可不必担心。其实，绝大部分男孩不喜欢学习，只是因为他们对功课没有兴趣而已。

兴趣是一个人求知的起点，是探寻真理的原动力，它可以使人产生无穷的力量，可以使人集中精力去获取知识，展开创造性的工作。对学习产生了浓厚的兴趣，男孩才会积极主动地去探求知识。如果男孩对学习没有兴趣，把学习看成是一种负担、一件苦差事，自然就不会有好的学习效果。只有不断地发现兴趣、培养兴趣、创造兴趣，孩子才会越学越有趣，越学越优秀。

兴趣能够使我们加深记忆，好记忆又会提高学习的兴趣，形成良性循环；反之，如果对某个学科厌烦，必定会降低记忆力，以致学习受挫，形成恶性循环。所以，善于学习的人，一定也是善于培养兴趣的人。

男孩只有对学习感兴趣，才能把精力集中在学习的对象上，使注意力集中，观察细致，记忆持久而准确，思维敏捷而丰富，激发和强化学习的内在动力，从而调动学习的积极性。家长们得让孩子了解这个道理，鼓励他从学习中找到乐趣，才能从根本上解决孩子的学习成绩问题。

建议一：让男孩体验学习的成就感很重要

家长在教育孩子的过程中，经常忽视一种非常有利的“武器”，那就是成就感。心理学家研究发现，成就感是一种卓越的动力，促使人有更高的追求。一个人尝到一次成功的味道，就会生出几十次乃至上百次追求成功的欲望。

在生活中，家长应该有意识地培养男孩的成就感。在培养男孩的成就感时，有以下三点要注意：

第一，为男孩提供展示自己能力的机会。要夸奖孩子，让他产生成就感，先要给他展示自己的舞台。如果孩子在学习小提琴或者学习美术，可以联系一些学习同样才艺的孩子的家长，大家在一起开一个小型的演奏会或者举办一个小画展，既是一种学艺中的交流，也能让孩子将才华展现出来。

第二，让孩子完成的目标要符合实际情况。不能为孩子制订太高的目标，这样非但不能激发出孩子的成就感，还会使孩子产生畏难情绪。但是难度也不能太低，那样就失去了挑战自我、获得成就感的意义。

第三，对男孩的进步给予热情的赞扬。当孩子完成了一件对他来说具有难度的事情时，家长要不吝惜溢美之词，给孩子积极的评价。这样才能将外在的鼓励转化为内在的动力，让男孩在满腔的成就感中再接再厉。

建议二：不妨在家中营造浓郁的学习氛围

当人们走入一个特定环境中，不知不觉就会被那个环境同化。譬如，当我们走进图书馆的时候，就会心情宁静，被满室书香所感染。家长可以在家中为男孩营造出适宜学习的环境，使男孩身处其中就受到学习气氛的感染。

在家中营造浓郁的学习气氛，家长是“主力军”。试想，如果爸爸妈妈喜欢看电视、打麻将，在这种环境里孩子又怎么能积极主动地去学习呢？恐怕他们更感兴趣的会是电视剧和麻将牌。所以，家长应该以身作则，做一个热爱学习的榜样。

家长应该多抽出一些时间来读书、看报。茶余饭后，少做些无意义的休闲活动。打开一本书，铺开一份报纸，在灯下默默地读上一段，会营造出一种颇具感染力的学习气氛。看到爸爸妈妈主动学习，孩子也会自觉地走到书桌前拿起书本，多学点儿东西。

转变男孩的学习观念——从“厌学”到“乐学”

没有兴趣的学习将会是十分枯燥乏味的，兴趣不仅是成功的基石，更是促使人们不断前进的动力。学习者失去了兴趣，就如同鸟儿失去了翅膀，再也无法体会飞翔的乐趣，而只能在泥泞中蹒跚前行。

要想提高男孩学习的效率，必须培养他们对学习的兴趣，用兴趣推动他们有效地学习。

难道学习真的有趣吗？美国学者史华兹说，在小孩子的眼里，他们对学校充满向往、好奇，他们相信学习一定比他们现在玩的游戏更有意思。可是当他们步入学校不久便会发现，原来学习是那样地枯燥乏味，没有什么乐趣可言。这种心理会一直伴随着他们读完大学，在这个过程中，他们可能体会不到一丝学习的乐趣。

学生虽然掌握了许多知识，但是在他们的深层意识中，并没有把学习当作一件有趣的事情，因为在他们看来，学习应该是一件严肃、认真的事，任何有悖于此的行为，都会被视为不良的学习习惯。而他们最终的目的就是要用分数来说明一切，即使得高分的人是个呆头呆脑、不通人情世故的学生。所以，史华兹强烈地建议："应该把学习当作一件有趣的事。"

建议一：逼男孩学习就是摁着牛头吃草

意大利教育家蒙台梭利女士认为儿童存在着与生俱来的、不断发展的、无穷的"内在生命力"和"内在智慧潜能"。她认为，教育的首要任务是激发和促进儿童"内在智慧潜能"的发展，及时发现孩子在各个方面的智慧潜能的自发倾向，并及时加以捕捉和诱导，使其得到强化和发展，如果这种倾向被忽略，则可能失去它们再出现的可能性。

发现和测试孩子的智慧潜能，是教育者认识孩子天才趋向的武器。但儿童不是成人进行灌注的容器，也不是可以任意造型的泥塑，教师和父母必须观察和了解儿童的内心世界，从他们智力的本质入手，训练他们认识自然、改造自然的能力，同时提高他们认识自己、改造自己的能力。蒙台梭利提出的观点说明，那些智力出众的人，都是在改造某种状态的同时，不断改造自身、自我发展的人。

然而由于成人不适当的引导或环境的影响，孩子会出现偏差行为，如不整洁、不顺从、怠惰、贪婪、以自我为中心等，因此蒙台梭利强调环境和成人的重要性，如果我们不能看到孩子的本来面目，将无法协助孩子正常地发展。孩子对学习非常抵触，家长不探寻孩子抵触学习的根源而是一味逼迫他学习，就像摁着牛头吃草，只能让他对学习日益抵触，不会收到良好的效果。

蒙台梭利强调，为了使孩子能得到正常的教育，大人应该细心地直捣孩子的内心深处，探索出他们需要什么，喜爱的又是什么，尤其要研究自己的孩子能接受的是什么。能够了解孩子，才能帮助孩子；能够知道应该如何给、如何爱，才不会由于你给得“多”了，爱得“过”了，反把他逼出问题来。

教育是延续的、需要积累的，同时又是非常个体化的，它必须依赖于父母对男孩的了解，在这个基础上对男孩施行有针对性的个别化的教育。教育没有一个人人可以套用的模式，找不到一把万能的金钥匙，只能一把钥匙开一把锁。

男孩是一个充满着多变性的个体，在自然的体型、行动、认知与精神发展上，都和已经定型的“大人”不同，二者无法处于同一的情况上。大人不能不经细察，就以自己已经定型的标准与头脑来否定男孩，自作主张地判断男孩的想法和需要。再者，想要了解男孩，就必须多观察，以了解他成长的规律，及时发现他的特长与注意的重心。按照男孩的天性来养育男孩，每位家长都可以成为非常成功的教育家。

建议二：细心父母会发现男孩“逃学”的真相

逃学，在家长和老师看来几乎是“罪不可恕”的。刚开始上学的时候，男孩们都兢兢业业，逃学的很少。随着年级的升高，课业日益繁重，慢慢地逃学的现象就多了。那么，男孩们为什么要选择逃学，真的像家长想的那样是越来越贪玩了吗？贪玩的因素不能完全排除，但事实上很多男孩逃学有着更深层次的原因。尤其是那种之前一直“老老实实”的男孩，突然逃学，家长不能武断批评，因为很可能孩子逃学是因为有着他无法排解掉的压力。

当别人如鱼得水般轻松地在学海中遨游时，你的孩子却总是慢半拍，他担心掉队的压力也就油然而生。如果他真的把压力看成压力，把烦恼当成烦恼，那么，他离掉队的时刻也就不远了。就像有些男孩因为承受不了这种压力，便自暴自弃，终日沉浸在苦恼的深渊，结果成绩如坐滑梯一样，越滑越低。而有些男孩则在压力的推动下，更加积极向上，勤奋刻苦，最终硕果累累。

真正的学习是快乐的，它不仅是指学有所获及学会某事的成就感，而且还指学习过程本身是令人感到快乐的。因此，家长要告诉孩子应确立学习是快乐的信念，应带着期盼开始学习，而学习结束时应感到意犹未尽、恋恋不舍。快乐的学习能够使整个学习过程都变得津津有味，充满乐趣。

没有规划，一团乱麻，连自己掌握哪些，没掌握哪些，都不能区分开来，这会导致大量的无效学习，并造成畏难情绪，进而生出种种烦恼。男孩在学习上只有看到自己该学些什么，能学些什么，理出一条脉络来，那样才可能做到有规划。

男孩在学习时要把目光盯住那些积极的东西，要能够看到自己的进步，并认为这就是自己的成功。

此外，男孩绝不能一天到晚泡在书堆里，那样只会让自己昏头涨脑，压力也会更大。

怎样帮助男孩提高学习效率

很多男孩一提到背诵就两腿发抖，“记不住”成了男孩们学习时很难跨越的一个障碍。的确，面对着堆积如山的书本练习题就已经头脑发昏了，这时再去背诵和记忆，大概谁都没有心情了。何况，枯燥的课文，排着队的公式，那么多怎么记得下来？想快速有效地记就更难了。

其实，只要稍稍动动脑筋，这个大难题就可以解决了。

比如地理课就有很多“地理知识记忆法”：

1.歌谣记忆

在《中国地理》中，许多知识都可编成歌谣来记忆。如中国沿海的14个开放港口城市，从北到南的顺序可记为：

大、秦、天、烟、青；

连云、南、上、宁；

温、福、广、湛、北。

分别代表：大连、秦皇岛、天津、烟台、青岛；连云港、南通、上海、宁波；温州、福州、广州、湛江、北海。中国的山和河流，也都可编成歌谣来加强记忆。

2.趣味记忆

地理知识都与学生的生活有紧密的联系。如把中国地理的有关内容与旅游结合起来，则有极大的兴趣。在《中国铁路》一节中，可用游戏来完成这一兴趣记忆。把每一组定为一个旅游团，完成一条旅游路线。试举一组同学的路线：

甲：我乘火车呼市发，要去北京天安门；

乙：北京站，我上车，去参观济南趵突泉；

丙：济南站，我出发，来到上海外滩上；

丁：上海站，我出发，要到杭州钱塘江；

……

有游戏中，自己选择去向，后边的同学跟着延续下去，做接力旅游。这种记忆形式男孩可在闲暇时间随便玩，是一种良好的记忆方法。

3.模仿记忆

地理知识中有许多内容要求具有丰富的想象力来认识地理事物的空间、时间。单靠想象理解和记忆较为困难，模仿后再记则容易得多。如《地球的运动》一节中，男孩可以做“三球运动”的演示。男孩可以与好朋友分别充当太阳、地球、月球做旋转运动，其他朋友在旁观察、分析各球的运动轨迹与有关现象。这样，较为抽象的概念和枯燥的数字就会被清楚地记下来。

4.谐音记忆

将记忆内容编制成另一句与之发音相似的话来帮助记忆，其特点是将枯燥无味的内容变得诙谐幽默，记忆深刻。例如记美洲的物产时，我们想象：中美洲各国都有咖啡馆，服务员一律是男士，都围着一条沙质地的领带，人们称他们“围、沙、哥”。其实是记取了3个咖啡生产国家的名称谐音，即代表危地马拉、萨尔瓦多、哥斯达黎加。这样，就非常容易地记住了。又比如可以想象：中美洲有一种鸟，红红的嘴，每天吃香蕉，会学说话，像内蒙古的八哥鸟，人称“红、八、哥”。其实是洪都拉斯、巴拿马、哥斯达黎加，都是产香蕉国。

这样的记忆轻松而高效，能帮助男孩牢牢记住所学知识。而且不光是地理，其他功课也可以采取这些记忆方法。事实证明，如果能够掌握一套正确的记忆方法，就能够提高记忆力，使男孩轻轻松松地记住他想要记住的一切知识。所以，不要让记忆成为孩子的烦恼，与其埋怨他的记忆力差，不如帮助他认真地去总结一套记忆方法。

建议一：充分利用课堂时间

课堂学习占据着学生大部分的学习时间，这就更加要求每一个人都要善于抓住课堂上的每分每秒，专心听讲，这样才能确保高效学习，只有笨拙的人才会舍弃课堂，而费尽心力把时间花在课堂之外。

所以，男孩要想取得好成绩，充分利用课堂时间就显得十分重要了。那么该如何做呢？家长不妨向男孩传授以下几条学习技巧：

1.课前准备。课前准备一定要做好，比如课前预习和文具的准备等。课前预习，能够保证对知识脉络的掌握，这样就可以轻松地跟着老师的思维走，另外，预习中产生的疑问会迫使男孩更加专心听讲，最终使问题得到解决。而文具的准备是为了避免上课分心，以便提高听课效率。

2.专心听讲，听老师讲课、听同学发言，并积极思考，这样可以一直集中注意力。

3.善于观察并发现问题，这样有助于集中注意力。

4.大胆提问，增加课堂上的互动，促使男孩加深对知识的理解和掌握，其实这也是提高听课效率的一种有效途径。

5.认真做课堂上老师布置的习题，以检测对知识的掌握程度。

6.善于记课堂笔记。不能因为要记笔记，就错过了老师的讲解，这样得不偿失。笔记要记书本上没有的，可以趁老师写板书的时候记，听始终是关键。

建议二：死记硬背——男孩学习的大忌

“死记硬背”的学习方法是传统僵化的“填鸭式”教学模式的产物。在教学当中，死记硬背不仅让男孩感受不到学习的乐趣，而且还与素质教育背道而驰。

有没有一种学习方式，不需要死记硬背而记住呢?

通过细心观察就会发现，聪明的人在学习上与大多数的人看起来不一样，当多数人将同一种知识反复回顾了几十次的时候，聪明的人仅仅需要回顾一次或两次就足够了。其实他们并不是单纯地依靠记忆来学习，而是在头脑中建立不同的系统，将所有的知识串联起来，通过这样的方式每个知识都在一个链条上有固定的位置，所以就记得比较牢靠，也不容易忘记。正是这个原因使一些人看起来一直在轻松如意地学习，但实际上这归功于学习的策略。当大多数人都在努力记忆的时候，聪明的人想着如何在知识间建立联系，这些联系让知识变得容易记忆，所以不需要太多的记忆活动。

如何做到创建知识网脉络呢？这里有几个不错的方法，家长可以教授给男孩使用：

1.发现事物之间的关联之处。可以将要记忆的知识与已经记住的知识关联起来，使所有的知识都连接在一起。打个比方，可以将复杂的方程与现实生活中的例子相关联。

2.通过图解来理解。可以画一张表示知识之间的图解关系图。将知识转化为图例，是基于时间和地点、作者或是其他不同知识间相类似的地方。

3.“好像……不过……”句式联想法。将一个知识与另外一个知识相关联起来，记录它们之间的不同点，使用这样的模式去理解。比如：孔子与苏格拉底算同时代人。

4.通过形象思维。试着将抽象的知识想象成为一种看得见的形式。比如在做电脑编程，可以将一个变量想象成一个罐头，将一个函数想象成一个卷笔刀。

5.将要记忆的知识尽量简化。可以试着将非常难理解的知识与那些明白易懂的知识相关联，将难以理解、记住的知识尽量简化。如果仅仅停留在抽象的层面上，那将只能构建很少的知识联结。

如果是用这样的方法来学习，就可以更早地构建起知识的连接点，这样就可以减少记忆量，帮助男孩更快地学习了。

告诉男孩一些学习技巧

学习成果的好坏，与能否用自己喜欢的方式学习密切相关。哈佛优等生、美国第一位诺贝尔化学奖得主理查兹说过：“最有价值的知识，是关于学习方法的知识。”就像有些运动员一样，他们不一定完全按照书里要求的“正确姿势”来做动作，而是利用最适合自己的姿势去锻炼，最后反而获得了冠军。学习也是一样的，如果男孩只知道循规蹈矩、按部就班地照着那些所谓的“最好的”方法来学习，效果可能会更差。

当男孩试图采用自己不喜欢的学习方法学习时，就好像是在逆风中行走，非常困难。因而，有些男孩就会逃离课堂，更多的男孩会感到十分疲倦，还有些男孩甚至觉得自己是个笨拙的学习者。

而当男孩明确了自己最喜欢的学习方法并运用它时，他学习的过程就像在顺风中行走，风速加快了他行走的速度。运用他最喜欢的学习方法学习会提高他的脑力，使学习的过程变得非常轻松，效率也会大幅提高。

建议一：补足学习的短板——男孩不要偏科

很多男孩往往也有一块学习中的“短板”，这严重地影响着他们的学习。因为偏科就意味着他们在知识上产生缺陷，在学科方面出现“跛腿”现象。这样不但会影响整体的学习成绩，而且还会给以后的工作带来很大的不利。偏科还会影响其他学科的学习，因为各门学科是相互联系的，缺少哪一门课都会觉得不协调。

在学习时，每个人身上都有许多潜能，有的人有音乐方面的潜能，有的人有美术方面的潜能。好多男孩往往一听到“写作”就害怕，总是一开始就否定自己，认为自己不是学写作的料，忽视自己的写作潜能。事实上，当他害怕做某事时，并不能代表他就缺乏这方面的才能，而是他解决这方面问题的能力比较弱。

因此，这就要求男孩在学习的过程中，一定要重视学习中的“木桶原理”，缺什么，补什么。也就是强项、弱项一起抓，巩固自己的优势学科，逐步弥补自己的不足，加强对知识的融会贯通。运用“木桶理论”，可以有效地提高学习效率。

建议二：他山之石，可以攻玉——男孩应多借鉴别人的学习经验

《礼记·学记》里有这样一句话：独学而无友，则孤陋而寡闻。意思就是说，自己一个人学习而没有朋友交流讨论，就会孤陋寡闻。学习并不是对知识的占有，而是对知识的运用，当男孩能够和朋友们分享自己的学习经验时，说明他已经能够运用这门知识了。

家长要让孩子明白，今天我们学到的很多知识，都是一代又一代的人前赴后继地研究得来的。就像我们今天的外科手术，在很久以前还不能被人接受，开刀还被视为违法的，但人们发现外科手术确实能治疗疾病，于是相互交流经验，总结出各种各样的手术方法，让全球的人都可以分享。试想，如果医生都不愿意把自己的治疗经验分享出来，任何人想要学到东西都必须自己亲自实践，那我们的医疗水平肯定比现在要落后得多！

其实，来自别人的成功经验就像一盏明灯，当你还在漆黑的胡同里独自摸索蹒跚的时候，那盏明灯就是你迅速走出困境、走向光明地带的指引和希望。而这样的明灯其实在很多地方都存在着，只要你善于发现，就离成功更近了一步。

一个能够成功的人，一定是懂得和他人分享的人。如果你的孩子也梦想成功，而现阶段的他在努力之后依然没有找到那把开启梦想的钥匙，那么就鼓励他尝试着走出个人狭隘的天地，与同学真诚地交流吧，相信他一定会有意想不到的收获。